JN095112

判例に学ぶ
婚姻を継続し難い
重大な事由

弁護士 本橋 美智子 著

日本加除出版株式会社

は し が き

　離婚訴訟は，毎年約1万件が提起されているが，その離婚訴訟で主張される離婚原因は，ほぼ100％に近く民法770条1項5号の「その他婚姻を継続し難い重大な事由」であろう。

　民法770条1項5号は，いわば日本の離婚訴訟の離婚原因の根本をなしており，これは離婚訴訟だけでなく，離婚調停においても離婚請求判断の基準ともなっている。

　このように5号事由は離婚実務上極めて重要であるにもかかわらず，その解釈が，判例，実務上明確になっているとは言い難い。

　5号事由の認定にあたって，別居期間，当事者の有責行為，子の存在等をどのように認定，考慮するかは，裁判官の比較的広い裁量に委ねられているともいえる。

　そして，共働き夫婦の数が，片働き夫婦の数を大きく上回り，夫の育児休業の取得等，夫が育児に参加することが増えてきた現代において，裁判官も年齢，性別，環境等によって，結婚観，離婚観が大きく異なることがある。

　離婚訴訟を担当した弁護士であれば，裁判官の結婚観，離婚観により，判決内容や和解の勧め方がかなり異なることを経験したことがあるであろう。

　また，人事訴訟法の改正で，平成16年4月1日から離婚訴訟事件は地方裁判所から家庭裁判所に移管されたこと等に伴い，離婚訴訟の審理が迅速化，簡易化され，5号事由の有無の審理，判決も簡易化したことは否めないであろう。

　このような背景から，5号事由の解釈が深まることはなく，その認定は，裁判官の広い裁量に委ねられ，当事者や弁護士は，判決の予測がつきづらい状態に置かれているのが実情であると思われる。

　著者は40年以上にわたり，離婚事件を担当してきた弁護士であるが，このような状況を少しでも改善し，5号事由の解釈についての議論に資する

ことがあることを期待して本書を企画したものである。

　もとより，浅学の身で，この目的が達せられたとは思われないが，本書が学者，実務家による5号事由解釈の進展に多少とも資すれば望外の喜びである。

　本書の刊行に当たっては，日本加除出版株式会社編集部の小室裕太郎氏と岩満梨紗氏に大変にお世話になりました。ここに心から御礼を申し上げます。

令和2年6月

弁護士　本橋　美智子

凡　例

文中に掲げる文献については，次の略記とする。

〔判例集〕

家月　　家庭裁判月報
集民　　最高裁判所裁判集民事
判時　　判例時報
判タ　　判例タイムズ
民集　　最高裁判所民事判例集

〔文　献〕

秋武・岡　　秋武憲一＝岡健太郎編著『離婚調停・離婚訴訟〔改訂版〕』（青林書院，2013）

大津　　大津千明『離婚給付に関する実証的研究』（日本評論社，1990）

岡口　　岡口基一『要件事実マニュアル　第5版　第5巻　家事事件・人事訴訟』（ぎょうせい，2017）

松原『人事訴訟の実務』　　松原正明編著『人事訴訟の実務』（新日本法規出版，2013）

阿部潤講演　　阿部潤「「離婚原因」について―裁判実務における離婚請求権を巡る攻防―」東京弁護士会弁護士研修センター運営委員会編『平成17年度専門弁護士養成連続講座　家族法』（商事法務，2007）

岩志和一郎「家族関係と不法行為」　　岩志和一郎「家族関係と不法行為」山田卓生編代＝藤岡康宏編『新・現代損害賠償法講座2』（日本評論社，1998）

久保野恵美子論文　　久保野恵美子「破綻主義離婚における破綻の意義と裁量棄却」野田愛子＝梶村太市総編集『新家族法実務大系　第1巻　親族〔Ⅰ〕―婚姻・離婚―』（新日本法規出版，2008）

野田愛子論文　　野田愛子「離婚原因法と家事事件―離婚否認法理の検討に向けて」鈴木忠一・三ケ月章監修『新・実務民事訴訟講座8　非訟・家事・人訴事件』（日本評論社，1981）

最判解説　　最高裁判所調査官室「最高裁判所判例解説民事篇（昭和62年度）」（法曹会，1987）

民法改正要綱試案説明　　法務省民事局参事官室「婚姻制度等に関する民法改正要綱試案及び試案の説明」（平成6年7月）

目　次

第1章　民法770条1項5号の離婚原因

第3章　有責配偶者の離婚請求と5号所定の　事由による離婚請求との関係

参考裁判例：婚姻破綻

参考裁判例：有責配偶者の離婚請求

参考裁判例：離婚慰謝料

参考裁判例：不貞慰謝料

目　次

SECTION 1
第 1 章
民法770条1項5号の離婚原因

第1　民法770条の立法過程と趣旨

1　明治31年の民法（明治民法）の離婚原因に関する規定

　明治31年6月に制定公布された民法（明治31年法律第9号，明治民法）813条は，離婚原因を以下のように規定していた。

「夫婦ノ一方ハ左ノ場合ニ限リ離婚ノ訴ヲ提起スルコトヲ得

　一　配偶者カ重婚ヲ為シタルトキ

　二　妻カ姦通ヲ為シタルトキ

　三　夫カ姦淫罪ニ因リテ刑ニ処セラレタルトキ

　四　配偶者カ偽造，賄賂，猥褻，窃盗，強盗，詐欺取財，受寄財物費消，贓物ニ関スル罪若クハ刑法第百七十五条，第二百六十条ニ掲ケタル罪ニ因リテ軽罪以上ノ刑ニ処セラレ又ハ其他ノ罪ニ因リテ重禁錮三年以上ノ刑ニ処セラレタルトキ

　五　配偶者ヨリ同居ニ堪ヘサル虐待又ハ重大ナル侮辱ヲ受ケタルトキ

　六　配偶者ヨリ悪意ヲ以テ遺棄セラレタルトキ

　七　配偶者ノ直系尊属ヨリ虐待又ハ重大ナル侮辱ヲ受ケタルトキ

　八　配偶者カ自己ノ直系尊属ニ対シテ虐待ヲ為シ又ハ之ニ重大ナル侮辱ヲ加ヘタルトキ

　九　配偶者ノ生死カ三年以上分明ナラサルトキ

　十　壻養子縁組ノ場合ニ於テ離縁アリタルトキ又ハ養子カ家女ト婚姻ヲ為シタル場合ニ於テ離縁若クハ縁組ノ取消アリタルトキ」

　これは有責的な離婚原因を制限的に列挙したものであり，相対的な離婚原因の規定はなかった。

2　大正8年設置の臨時法制審議会の離婚原因規定

　大正8年7月，明治民法の改正作業のための臨時法制審議会が設置された。そして，大正14年5月に同審議会総会で可決された「民法親族編中改正ノ要綱」16項は，離婚原因を次のとおり規定した。

　「一　離婚ノ原因ハ大体ニ於テ左ノ如ク定ムルコト

　　　㈠　妻ニ不貞ノ行為アリタルトキ

　　　㈡　夫カ著シク不行跡ナルトキ

　　　㈢　配偶者ヨリ甚シク不当ノ待遇ヲ受ケタルトキ

　　　㈣　配偶者カ自己ノ直系尊属ニ対シテ甚シク不当ノ待遇ヲ為シ又ハ
　　　　　配偶者ノ直系尊属ヨリ甚シク不当ノ待遇ヲ受ケタルトキ

　　　㈤　配偶者ノ生死カ三年以上分明ナラサルトキ

　　　㈥　其他婚姻関係ヲ継続シ難キ重大ナル事情存スルトキ

　　二　前項第一号乃至第五号ノ場合ト雖モ総テノ関係ヲ綜合シテ婚姻関
　　　　係ノ継続ヲ相当ト認ムルトキニハ離婚ヲ為サシメサルコトヲ得ルモ
　　　　ノトスルコト」

　この規定によって，初めて6号の相対的離婚原因が規定されたのである。

　そして，この相対的離婚原因は，穂積重遠が以前から主張していた説に沿うものであった。

　穂積重遠は，相対的離婚原因制度を採用しているドイツ民法及びスイス民法を参考として，民法813条の末号に相対的離婚原因を附加することを主張していたのである。

　当時のドイツ民法1568条は，有責主義に基づく相対的離婚原因を規定しており，穂積重遠が提唱した民法813条改正案の相対的離婚原因も，有責的離婚原因を含むものであった。

　しかし，この民法改正は，戦局の悪化等から最終的には実現しなかった。

3　昭和23年施行の現民法の規定

　憲法改正に伴い民法親族編及び相続編の改正作業が行われ，昭和22年12月に公布された民法（昭和22年法律第222号）で，現在の民法770条の規定が創設された。

　民法770条の規定は，個人の尊厳と両性の本質的平等の実現のため，離婚原因について夫婦平等にすることとし，それ以外は，基本的にはほぼ上記の要綱16項の規定を継承したものといえる。

　我妻榮も「新法は，貞操上の不平等を改めたことはいうまでもないが，その他の点では，大体において，改正要綱の態度に倣い，数歩の前進を企てたものである。」と述べている（我妻榮『親族法』123頁（有斐閣，1961））。

　この改正作業の中で，奥野政府委員は，民法770条1項5号や2項の立法趣旨について次のように述べている。

　すなわち，「従来はむしろ列挙主義でこの各号に該当した場合に限って離婚の原因といたしたのでありますが，今度は列挙主義をやめまして，例示的に一号から四号まで掲げてありますが，それは結婚を継続しがたい重大な原因の場合である一つの例であるということで掲げておるのであります。……列挙主義にいたしますと，それ以外の場合は，たとえばだれが考えても婚姻を継続しがたい重大な原因だと思われるにも拘わらず，たまたまこれに規定がないために離婚の原因にならない不都合があってはというふうに考えまして，包括的な規定を五号に掲げたわけであります……かりにその例は適当であるかどうかはわかりませんが，形式的に不貞な行為ということならば，かりに旅行先等で何か間違いがあったというような形式的なことでも，やはりこれにはいるというようなことになるのでありますから，そういう場合にはいろいろの事情を斟酌して，そこはやはり婚姻を続けていった方が適当ではないかというように裁判所が認める場合，形式的には一号がこれにはいっても実際上の実情を汲んで婚姻を継続せしめる方がよろしいと思う場合には，その請求を排斥することができるというゆとりをとったわけでありまして，……」と説明されている（最高裁判所家庭局編「民法改正に関する国会関係資料〈昭和28年〉」151頁）。

第2　民法770条と破綻主義

1　民法770条は破綻主義に基づく規定か

　民法770条1項は，個別的・具体的離婚原因を4つに絞り，相対的・抽象的離婚原因として5号の「その他婚姻を継続し難い重大な事由」を規定した。

　そして，770条2項は，離婚請求の棄却条項を定めている。

　このような構造を持つ民法770条が，破綻主義に基づく規定であるか否かについては，770条を解釈する上で，基本的な問題ともいえるため，学説上も争いがある。

　そもそも論者によって破綻主義の意味内容が異なるため，この議論にどの程度の意味があるかは疑問なしとしないが，以下2つの学説を紹介する。

2　一般的破綻主義説

　これが通説といえよう。

　この説は，「立法者の提案理由の説明，沿革的・比較法的見地から，同条（770条）は全体として一般的破綻主義を宣言した規定であり，1項1号ないし4号の具体的事実は，5号に該当する事由の例示である」（吉田欣子「婚姻破綻の原因の認定について」中川善之助先生追悼現代家族法大系編集委員会編『現代家族法大系(2)』208頁（有斐閣，1980））と解する説である。

3　限定的破綻主義説

　この説は，「第5号乃至第770条全体は一般的破綻主義を前提としたものではなくて，限定的破綻主義を含みつつ全体としては救済離婚主義を明示したものである」と解している（明山和夫「離婚原因論」家月18巻20号32頁）。

第3　民法770条1項と2項との関係

1　5号所定の事由に2項が適用されるか

　民法770条は，次のように定める。

民法770条（裁判上の離婚）
　　夫婦の一方は，次に掲げる場合に限り，離婚の訴えを提起することができる。
一　配偶者に不貞な行為があったとき。
二　配偶者から悪意で遺棄されたとき。
三　配偶者の生死が３年以上明らかでないとき。
四　配偶者が強度の精神病にかかり，回復の見込みがないとき。
五　その他婚姻を継続し難い重大な事由があるとき。
２　裁判所は，前項第１号から第４号までに掲げる事由がある場合であっても，一切の事情を考慮して婚姻の継続を相当と認めるときは，離婚の請求を棄却することができる。

　この条文規定からみると，民法770条１項５号の事由がある場合には，２項の離婚請求棄却の規定は適用されないことになる。

　通説及び判例は，５号所定の事由がある場合に２項は適用されないと解している。

　しかし，学説上は，民法770条１項５号の事由による離婚請求の場合であっても，同条２項を適用すべきとの説もある。

2　2項適用説

　滝沢聿代は「770条２項が当然１項にも適用されるべきであったという事情が了解されるはずである。そこでは２項の規定が苛酷条項として正確に位置づけられ，破綻主義をコントロールするという機能を中心に把握される。１項５号を一般的破綻主義の規定であると論じてきたこれまでの学説は，本来このような議論を志向していたのではなかろうか。こうして苛酷条項として新たにクローズアップされた民法770条２項は，１項５号による最も今日的な破綻離婚にこそ適用され，旧判例理論にとって代わりうるものとなる。」と述べている。

　また，水野紀子は，瀬木比呂志との対談の中で，有責配偶者の離婚請求に関連して「長期の破綻状態になると５号の事由はあるけれども，実質的には裁量棄却だと考える方が条文そのものの読み方としては自然かなと思

5

います。要するに，私は，事由を『相対化』する読み方に批判的なので，それくらいなら２項の類推の裁量棄却と正面からいうほうが正直でいいと思うのでしょうね。」と述べて，５号所定の事由による離婚請求の場合であっても，同条２項を類推適用した方がよいと述べている（瀬木比呂志・水野紀子「対談・離婚訴訟，離婚に関する法的規整の現状と問題点」判タ1087号８頁）。

3　判　例

判例も一般に通説と同様に，民法770条１項５号所定の事由による離婚請求には，同条２項は適用されないと解している。

しかしながら，民法770条１項５号に基づく離婚請求について，同条２項を適用して，離婚請求を棄却した判例として，名古屋地裁岡崎支部平成３年９月20日判決（[裁判例４]）がある。

妻からの離婚請求について同判決は，「一切の事情を考慮して婚姻の継続を相当と認め（民法第770条第２項参照），本訴離婚の請求を棄却する次第である。」と述べている。

第4　民法770条１項５号についての学説の検討

民法770条１項５号の解釈，すなわち「その他婚姻を継続し難い重大な事由があるとき」の意味に関する学説を展望する。

1　我妻榮説

我妻榮は，「婚姻を継続し難い重大な事由とは，要するに，夫婦関係が破綻しその復元の見込みがないことであるが，諸般の事情から裁判官の裁量によって決する他ない」（我妻榮『親族法』174頁（有斐閣，1961）），「１項５号の『婚姻を継続し難い重大な事由』は，それに先行する１号ないし４号に比すべき事由─いいかえれば，１号ないし４号の事実を，原則として婚姻を継続し難い事由とみている立法の趣旨から，そこに現行法の予定する『破綻』を理解して判断される事由─と解すべきである。」（我妻榮

『親族法』170頁（有斐閣，1961））と述べる。

2　中川善之助説

　中川善之助は，「いかなる事実が『婚姻を継続し難い』事由であるかは裁判官の裁量に属し，各個の判例について検討してその範囲を確定するの他はない。ただ理論的にも次のことだけは確言できる。即ち婚姻の継続を不能にした事実は，必ずしも一方の有責行為によるものであることを要しないのは固より，継続不能も当該配偶者の主観的不能だけによって決定さるべきものではなく，主観的不能をも計算に入れた上での客観的不能の存否が問題とされなければならないということである。」（中川善之助『新訂親族法』314頁（青林書院新社，1965））と述べる。

3　阿部徹説

　阿部徹は，「『婚姻を継続し難い重大な事由』とは何かについて解釈の幅がありうるが，中核部分は婚姻の不治的破綻（婚姻関係が深刻に破綻しており，回復の見込みがないこと）であることについて，大方の意見は一致している。その意味で，本号は，婚姻破綻を離婚原因とした規定（破綻離婚の規定）であるといえる。」（島津一郎＝阿部徹編『新版注釈民法⑫親族⑵』374頁（有斐閣，2008））と述べる。

第5　昭和62年最判以前の判例における民法770条1項5号の解釈

　では，まず最高裁大法廷昭和62年 9 月 2 日判決（［**裁判例23**］の上告審判決，以下「昭和62年最判」という）以前の判例において，民法770条 1 項 5 号をどのように解釈しているかについて見てみよう。

　［**裁判例 1**］の最高裁昭和33年12月25日判決は，「婚姻を継続し難い重大な事由」とは，夫婦の一方の責に帰すべき事由があることを要せず，夫婦いずれの責にも帰すべからざる場合，夫婦双方の責に帰すべき場合も含まれることを明らかにしている。

　そして，裁判所は， 5 号の認定にあたり，「修復の可能性」の認定にか

なり広い裁量をはたらかせており，[**裁判例２**]の事案では，東京高裁昭和58年６月30日判決は，同居期間２年強，別居期間８年の場合であっても，夫がやり直す気持ちになれば修復は不可能ではないとして，５号事由に該当しないとしている。

第**6** 昭和62年最判における民法770条１項５号の解釈

昭和62年最判（[**裁判例23**]）は，民法770条１項５号の解釈についても，大きな変革をもたらした。

昭和62年最判は，民法770条の解釈について次のように述べている。

「民法770条は，裁判上の離婚原因を制限的に列挙していた旧民法（昭和22年法律第222号による改正前の明治31年法律第９号。以下同じ。）813条を全面的に改め，１項１号ないし４号において主な離婚原因を具体的に示すとともに，５号において『その他婚姻を継続し難い重大な事由があるとき』との抽象的な事由を掲げたことにより，同項の規定全体としては，離婚原因を相対化したものということができる。また，右770条は，法定の離婚原因がある場合でも離婚の訴えを提起することができない事由を定めていた旧民法814条ないし817条の規定の趣旨の一部を取り入れて，２項において，１項１号ないし４号に基づく離婚請求については右各号所定の事由が認められる場合であっても２項の要件が充足されるときは右請求を棄却することができるとしているにもかかわらず，１項５号に基づく請求についてはかかる制限は及ばないものとしており，２項のほかには，離婚原因に該当する事由があっても離婚請求を排斥することができる場合を具体的に定める規定はない。以上のような民法770条の立法経緯及び規定の文言からみる限り，同条１項５号は，夫婦が婚姻の目的である共同生活を達成しえなくなり，その回復の見込みがなくなった場合には，夫婦の一方は他方に対し訴えにより離婚を請求することができる旨を定めたものと解されるのであって，同号所定の事由……につき責任のある一方の当事者からの離婚請求を許容すべきでないという趣旨までを読みとることはできない。」

このように昭和62年最判は，民法770条について，

① 　1 項 5 号に基づく離婚請求については，2 項に係る制限が及ばないこと

② 　民法770条の規定から，有責配偶者の離婚請求を排斥する趣旨を読みとることはできないこと

③ 　5 号の「婚姻を継続し難い重大な事由があるとき」とは，「夫婦が婚姻の目的である共同生活を達成しえなくなり，その回復の見込みがなくなった場合」をいうこと

を明らかにしている。

第7　民法改正要綱の内容

1　離婚原因の条文

　平成 3 年から進められてきた法制審議会民法部会において，婚姻及び離婚制度，並びに嫡出でない子の相続分の見直し等が行われてきた。その後，法制審議会は，平成 8 年 2 月に，民法の一部を改正する法律案要綱（以下「要綱」という）を総会で決定した。

　裁判上の離婚に関する要綱は，次のとおりである。

「一　夫婦の一方は，次に掲げる場合に限り，離婚の訴えを提起することができるものとする。ただし，(ア)又は(イ)に掲げる場合については，婚姻関係が回復の見込みのない破綻に至っていないときは，この限りでないものとする。

　(ア)　配偶者に不貞な行為があったとき。

　(イ)　配偶者から悪意で遺棄されたとき。

　(ウ)　配偶者の生死が 3 年以上明らかでないとき。

　(エ)　夫婦が 5 年以上継続して婚姻の本旨に反する別居をしているとき。

　(オ)　(ウ)，(エ)のほか，婚姻関係が破綻して回復の見込みがないとき。

　二　裁判所は，一の場合であっても，離婚が配偶者又は子に著しい生活の困窮又は耐え難い苦痛をもたらすときは，離婚の請求を棄却することができるものとする。(エ)又は(オ)の場合において，離婚の請求をしている者が配偶者に対する協力及び扶助を著しく怠っていることにより

その請求が信義に反すると認められるときも同様とするものとする。
三　（略）」

2　5号の改正条文

上記1の要綱では，民法770条1項5号「その他婚姻を継続し難い重大な事由があること」が，「(ウ)，(エ)のほか，婚姻関係が破綻して回復の見込みがないとき。」に変更されている。

その理由について，要綱試案では「これは，破綻主義に立つことを明示しようとの考え方によるものである。現行法の規定も，破綻主義の思想に立脚するものと一般的に解されており，これを右のように改めたとしても，個々の事案の判断において実質的な差異は生じないであろうが，離婚原因の一般条項の規定としては，後者の方がより客観的な指標になり得ると考えられる。」と説明されている（民法改正要綱試案説明90頁）。

3　5年別居条項

要綱では，離婚原因として新たに「夫婦が5年以上継続して婚姻の本旨に反する別居をしているとき。」（以下「5年別居条項」という）を挙げている。

この5年別居条項は，「夫婦間に一定期間以上共同生活が存在しないことを，婚姻関係の破綻の客観的かつ典型的な徴表として，770条1項の離婚原因に加えることにより，離婚原因をめぐる争いを現在の婚姻関係の破綻の有無に限定する」趣旨であるとされている（民法改正要綱試案説明84頁）。

そして，婚姻破綻と評価できる別居期間を5年とした理由については，次のように述べている。

「夫婦の共同生活の不存在がどの程度の期間継続すれば，その婚姻が破綻しているものと評価できるかは，困難な問題であるが，我が国社会の実情及び裁判離婚手続に即していえば，一般的には，当事者間に別居状態が生じ，その離婚協議，家庭裁判所による調停がいずれも不調に終わって訴訟が提起される時点（すなわち，当事者の合意による解決の途が尽きた時点）においては，婚姻関係は破綻状態にあるものと考えられる。この観点から，

実際の離婚事件（平成元年から平成4年までの間に全国の家庭裁判所に夫婦関係調整の調停申立てがあった事件で，最終的に何らかの形で離婚が成立したもの）における夫婦の別居期間についてみると，調停申立時における平均別居期間は，2年未満であり，その調停に要した期間は，ほぼ6か月未満であるから，一般的には，3年程度の別居期間が継続すれば，既にその婚姻関係は破綻していると評価することが可能であると思われる。このことは，現行770条1項3号が相手方配偶者の生死不明が離婚原因となる期間を3年と定めていることからも窺えるところであるし，諸外国の法制においても，3年以上の別居を離婚原因とするものが少なくない。

　しかしながら，一定期間の共同生活の不存在を離婚原因とする場合，その原因につき有責である配偶者からの離婚請求もあり得ること，現時点では，右の『一定期間』は，相当長期とすることが我が国の国民感情に合致すると考えられること，諸外国の立法例においても，離婚原因となる別居について比較的長い期間を設定している国では，5年ないし6年の別居を要求していることなどを考慮すると，右の『一定期間』を3年とするのは，やや短期にすぎる感がある。そこで，試案では，共同生活の不存在が5年以上継続した場合，これを離婚原因とするものとした。」（民法改正要綱試案説明88頁以下）

4　苛酷条項の導入

　要綱は，民法770条2項の裁量棄却の規定を廃止して，「離婚が配偶者又は子に著しい生活の困窮又は耐え難い苦痛をもたらすとき」は，離婚の請求を棄却できるとした。これをいわゆる苛酷条項という。

　これは，「婚姻自体は破綻し回復の見込みがないとしても，離婚によって相手方又は子が耐え難いほど苛酷な状況に陥るときは，なお，婚姻の効力によって保護を図るのが相当である。特に，試案のように，5年以上の共同生活の不存在を離婚原因として掲げるとすると，故意に別居状態を作出した配偶者から離婚請求がされるケースも考えられるが，苛酷条項は，このような請求に対する抑止の機能を担うという意味もある（もとより，このような離婚請求については，権利濫用や信義則違反という一般条項により

棄却することも可能であるが，ここでは，相手方又は子の救済という具体的な必要性が予想されるのであるから，一般条項の理念を苛酷条項という形式によって法制化しておく必要がある。）。」という理由から導入されたものである（民法改正要綱試案説明92頁）。

5　信義則条項の導入

　さらに，要綱は，5年別居条項又は婚姻が破綻して回復の見込みがないときを原因とする離婚であっても，離婚の請求をしている者が配偶者に対する協力及び扶助を著しく怠っていることによりその請求が信義に反すると認められるときは，離婚の請求を棄却できるとした。

　いわゆる信義則条項である。

　この条項は，民法改正要綱の試案後の中間報告で導入されたものである。

　そして，その導入の理由としては，「離婚請求についても民法の一般原則である信義則が作用することを法文上明示することが適当であると考えられたことによるものであるが，この措置は同時に婚姻関係の破綻に伴う当事者の一方の経済的困窮の回避にも資するものである。すなわち，婚姻関係が破綻した場合，法律上の婚姻関係はなお存続していても，現実には，配偶者による経済的な面での自発的な協力・扶助を期待することができず，相手方が困窮する事態が多いと推測される。そこで，離婚請求においても，婚姻中の配偶者に対する協力及び扶助の履行状況が判断の対象となることを明示することにより，婚姻当事者に対し，婚姻関係の破綻後の経済的な自立が困難な配偶者に対する自立のための援助その他の扶助の履行を間接的に促し，婚姻関係の破綻による夫婦の一方の経済的困難を回避するための一助とすることとした。」と述べられている（法務省民事局参事官室「婚姻制度等の見直し審議に関する中間報告及び報告の説明」30頁（平成7年9月））。

第8 昭和62年最判以後の判例・学説における，民法770条１項５号の判断要素の類型

1　民法770条１項５号の判断基準の類型

　昭和62年最判以後の判例における，民法770条１項５号の判断基準には，以下の類型があると考えられる。

　① 「婚姻を継続し難い重大な事由」＝「婚姻破綻」と解する考え方
　② 「婚姻を継続し難い重大な事由」＝「婚姻破綻＋婚姻の修復不可能性」と解する考え方
　③ 「婚姻を継続し難い重大な事由」＝「婚姻破綻＋婚姻の修復不可能性＋婚姻の継続を相当と認める事由の不存在」と解する考え方

2　「婚姻を継続し難い重大な事由」＝「婚姻破綻」と解する考え方

　これらの判例は，婚姻の修復不可能性を考慮していないのではなく，婚姻破綻の概念の中に，婚姻の修復不可能性の要件を含めているものである。

　例えば，［**裁判例２**］の東京高裁昭和58年６月30日判決（昭和62年最判前であるが）は，夫がやり直す気持ちになって妻と子の許に戻れば婚姻の修復は可能であるから，婚姻はいまだ完全には破綻していないと述べている。

3　「婚姻を継続し難い重大な事由」＝「婚姻破綻＋婚姻の修復不可能性」と解する考え方

　この判例が最も多いものである。

　［**裁判例６**］の東京地裁平成10年１月30日判決は，婚姻の修復可能性があるので，婚姻を継続し難い重大な事由があるとはいえないと述べている。

4 「婚姻を継続し難い重大な事由」＝「婚姻破綻＋婚姻の修復不可能性＋婚姻の継続を相当と認める事由の不存在」と解する考え方

(1) 婚姻破綻だけでは不十分とする説

渡邉泰彦は，［**裁判例８**］の名古屋高裁平成20年４月８日判決の評釈の中で，「民法770条１項５号では，同条２項の裁量棄却が適用されないのであるから，婚姻破綻の有無，破綻しているが離婚を認めるかという２つの判断を行うことが求められる。つまり，『婚姻を継続しがたい重大な事由』の判断は，婚姻破綻の有無のみを判断するのではなく，裁判例において『破綻以外の何らかの事情に基づいて離婚請求を棄却するという解釈適用が見られる』。

本稿では，婚姻破綻と婚姻を継続しがたい重大な事由を常に同一とはみず，婚姻破綻と離婚は必ずしも一致しないと考える。」と述べる（渡邉泰彦「婚姻破綻の判断要素」判タ1298号87頁）。

これは，表現は異なるが，５号の判断基準には，婚姻破綻だけでなく，破綻していて，かつ離婚請求を棄却する事由の不存在が必要であるとの考えである。なお，渡邉泰彦は，婚姻破綻の概念の中に「婚姻の修復不可能性」を含めて考えていると思われる。

(2) 破綻以外の事由を考慮した判例

名古屋高裁平成３年５月30日判決（［**裁判例３**］の控訴審判決）は，夫が難病に罹患した妻の看病や入院生活の援助もせず，子供との交流も拒んでいる態度に言及して夫の離婚請求を棄却しており，５号の有無の判断に，破綻以外の事由を考慮していると言える。

第9 裁判実務における民法770条１項５号の理解

1 裁判実務における５号事由の解釈

裁判実務において５号事由がどのように解釈され，認定されるかについて，以下に主要な説を挙げる。

(1)　婚姻義務違反による婚姻破綻説

　昭和56年の野田愛子論文は，判例は，「５号の判断基準として，①相手方に婚姻義務違反があること，②婚姻が破綻していること，③婚姻義務違反とその破綻との間に因果関係のあること，④婚姻関係の回復の期待性がないこと，を要件としていると解されている。」と述べている（野田愛子論文483頁）。

　昭和62年最判以前の判例は，５号の要件を破綻主義的にはとらえておらず，被告の婚姻義務違反によって婚姻が破綻していることを要件と考えていたとの指摘である。

(2)　相当期間の別居による破綻推定説

　秋武・岡は，「『婚姻を継続し難い重大な事由』とは，いわゆる婚姻共同生活が破綻し，その修復が著しく困難な事由をいう。これは，主観的には，婚姻当事者双方が婚姻を継続する意思がないこと（破綻の主観的要素）と，客観的には，婚姻共同生活の修復が著しく困難であること（破綻の客観的要素）を意味するが，そのいずれかが認められる場合には，婚姻は破綻したものとして，離婚請求は認容される。配偶者の一方に有責行為があるかどうかは関係がない。もっとも，このことは，婚姻破綻の客観的要素において，有責行為の有無が考慮されることを否定するものではない。」と述べる（秋武・岡116頁）。

　さらに，「破綻の客観的側面において，実務上，最も重要な意味を持ってくるのは別居である。現行の民法では，別居そのものが離婚原因とされているわけではないが，実際に婚姻共同生活が行われていないのであるから，婚姻を継続しがたい重大な事由になることは異論はない。実際に，調停前置主義を採用し，一定の話合いの期間を経て提起される離婚訴訟においては，ほとんどが別居している事案であるといっても過言ではない。そして，別居の期間が相当期間に及ぶ場合には，それ自体で婚姻破綻が事実上推定されるから，特に，他方の配偶者の有責行為の立証をしなくても，離婚請求は認容される。逆に，相当期間の別居が継続している場合に，婚姻が破綻しているかどうかは相手方が有責である

かどうかに関わりがないから，相手方が自己に有責行為がないと主張しても何の意味もないことになる。相手方の抗弁となり得るのは，離婚を請求している配偶者がいわゆる有責配偶者であるという主張しかない。一方，別居期間が短期間にすぎない場合には，それ自体では婚姻破綻が事実上推定されることはないから，相手方の有責行為を主張立証しなければならない。」と述べている（秋武・岡121〜122頁）。

(3)　有責行為による区分説

　渡邉泰彦は，[**裁判例8**]の名古屋高裁平成20年4月8日判決の評釈の中で次のように述べている。

「(1)　相手方が有責の場合

　　夫婦の一方に有責行為があり，他方が離婚を求めている場合について，民法770条1項5号の『婚姻を継続しがたい重大な事由』に該当するかどうかは，その有責性に照準をあてて検討される。夫婦の一方の有責行為，他方からの離婚請求という事情があれば，婚姻が破綻していると考えられる。有責配偶者による婚姻関係修復の意欲は，顧慮されない。ここでは，婚姻破綻＝婚姻を継続しがたい重大な事由となる。別居期間は特に問題とならないから，別居しているから婚姻が破綻しているというよりも，婚姻が破綻して別居したともいえる。そのために，別居に至る過程において婚姻がすでに破綻していたと誰もが納得するような物語（夫婦の一方の異常な行動，嫁いびりなど）が紡ぎ出される。

(2)　請求者が有責の場合

　　これに対して，夫婦の一方に有責行為があり，この者が離婚を請求している場合は，有責行為ではなく，別居による夫婦共同生活の不存在が，婚姻の破綻を示す徴表となり，別居にある程度の期間が求められる。有責行為の存在は，婚姻が破綻していても離婚の請求が認められないのかという点で問題となる。婚姻破綻の認定と有責性とは直接の関連を有しないともいえる。」（渡邉泰彦「婚姻破綻の判断要素」判タ1298号87〜88頁）。

(4)　総合判断説

　松原正明は，「近年における各裁判例の判断手法を展望すると，前記のとおり，相手方当事者の離婚意思を認定することができる場合には，それ自体あるいは離婚意思及びある程度の期間の別居の事実から『婚姻を継続し難い重大な事由』に該当するとして離婚を認容しているが，一方当事者（被告）が離婚を拒否している場合には，婚姻の実質的な破綻といった評価に結び付き得る種々の客観的あるいは主観的な各事情を，それぞれ認定し，当該婚姻関係との関係において評価，分析した上で，それらの各事情・評価を踏まえて，到底円満な夫婦生活の継続及び回復が期待できないのかどうかという総合的な判断を行うという手法を用いている。」

　「思うに，婚姻破綻が主張される場合には，婚姻破綻における表徴として，まず，別居や一方当事者の有責行為が現れるのが通常であり，そういうものが全くない婚姻破綻を認めることはできない。したがって，婚姻破綻を主張する当事者としては，かかる表徴を主張上指摘し，立証しなければならない。その上で，かかる表徴から推認できる婚姻破綻の程度に応じ，各当事者としては，その主張に応じた婚姻破綻の評価根拠事実又は評価障害事実を，主張上指摘，立証していくことになる。」と述べている（松原『人事訴訟の実務』253頁）。

(5)　相当期間の別居による区分説

　阿部潤は，「婚姻を継続し難い重大な事由」の定義については，上記(2)の秋武・岡と同様の説明をした後に，以下のように述べている。

　「客観的に修復が著しく困難である状況の中核となるのは，相当期間の別居です。ある程度別居が継続している場合，言葉を変えていえば，相当期間の別居が継続している場合には，それだけで，婚姻破綻が事実上推定されてしまい，被告において，修復が可能であるという特段の事情が存在することを主張・立証しない限り，離婚請求は認容されることになります。

　これに対して，別居が相当期間に及んでいない場合，あるいは同居し

ている場合には，それのみでは，婚姻が破綻しているとはいえず，別に，プラスアルファ，つまり被告の有責行為を主張・立証しなければなりません。」

「婚姻破綻の有無は相手方の有責性とは無関係であるというのが原則ですが，例外的に，相当期間の別居がない場合には，有責性が婚姻破綻の判断に影響を与えることがあるのです。」

「この別居期間と婚姻破綻の認定との相関関係については，次のようなイメージ図を書くことができます。

これをフォーミュラにすると，

ア　相当期間の別居がある場合

　（原告）　相当期間の別居

　（被告）　①　破綻していない特段の事情の存在

　　　　　　②　別居原因は専ら原告の有責行為にある

　（原告）　信義誠実上，特段の事情の存在

イ　相当期間の別居がない場合

　（原告）　相手方の有責行為の存在」（阿部潤講演13〜14頁）

2　各説の比較

以上，実務における5号所定の事由の認定について，主要な説を挙げたが，学説によって，5号所定の事由の認定の考え方がかなり異なっているのが分かる。

(1)　相当期間の別居の意味

まず，相当期間の別居の意味をどう考えるかである。

上記1(2)秋武・岡及び1(5)阿部潤のように，相当長期の別居によって婚姻破綻が事実上推定されると考える説が，最も別居の意味を重視している説であろう。

これに対し，1(4)松原説は，別居を一方当事者の有責行為とともに，婚姻破綻の表徴としており，相当長期の別居がある場合に，婚姻破綻が事実上推定されるとまでは考えていない。

⑵　一方当事者の有責行為の意味

　　１⑶渡邉説のように，被告に有責行為がある場合には，婚姻破綻について相当長期の別居の要素が必要ないと考える説が多いと見られる。

　　また，１⑸阿部，１⑵秋武・岡説も相当長期の別居がない場合には被告の有責行為の存在が必要としていることから，同じ考えであろう。

　　これに対し，１⑷松原説は，そこまで明確に被告の有責行為の意味を説明していない。

第10　別居の意義・期間

1　裁判実務における別居の意義

　別居が婚姻破綻の重要な徴表であることについては，学説，実務上争いがない。

　では，何をもって別居というかについては，主な学説は以下のように述べている。

① 　田中寛明は，別居を「当事者間の合意に基づいておらず，かつ，その後の同居生活の回復を予定しない別居」と解している（松原『人事訴訟の実務』254頁）。

② 　要綱は，５年別居条項について「婚姻の本旨に反する別居」と規定しており，この規定は，婚姻破綻の徴表としての別居と同一と解される。

2　婚姻破綻が事実上推定される別居の期間

　では，判例では，どの程度の期間の別居がある場合に，婚姻破綻が認定されているであろうか。

　破綻が事実推定される別居期間は，婚姻期間，子の有無，婚姻当事者の有責行為等によっても影響を受けるので，これを整理することは困難であるが，ここでは，昭和62年最判以後の公表された判例の中から，別居期間が婚姻破綻認定の重要な基準となったと思われる判例を挙げてみる。

① 　東京高裁平成13年１月18日判決（[**裁判例7**]の控訴審判決）は，別

居期間3年3か月の夫婦の場合で，夫からの離婚請求を棄却している。

② 東京高裁平成28年5月25日判決（[**裁判例11**]の控訴審判決）は，4年10か月余りの別居期間の夫婦について，別居期間の長さはそれ自体として婚姻関係を基礎づける事情といえるとして，妻からの離婚請求を認めている。

③ 東京高裁平成29年6月28日判決（[**裁判例12**]の控訴審判決）は，別居期間3年5か月以上の事案で，妻からの離婚請求を認めている。

3　別居期間についての学説

(1)　3年プラス1年，マイナス1年

安倍嘉人は，別居期間について民法改正要綱の5年別居条項を挙げて，「例えば3年プラス1年，マイナス1年という範囲を破綻の一つのおおよその枠として考えるということもあり得ると思います。」と述べている（安倍嘉人「控訴審からみた人事訴訟事件」家月60巻5号17頁）。

そして，稲田龍樹は，この安倍説を「家事調停をきちんと経ているならば実情に即した合理的なガイドラインであると考える。」と評価している（稲田龍樹「控訴審からみた離婚事件の基本問題」判タ1282号11頁）。

(2)　4年ないし5年以上

田中寛明は，「これらの裁判例を俯瞰してみると，第一審では，おおむね4年以上の別居があれば，その間に婚姻継続を希望する当事者側から働きかけがなかったことを破綻に積極的な事情として併せ評価し，実質的な婚姻破綻があったと判断している例がみられるのに対し，1，2年程度の別居では（控訴審では約3年の別居でも），実質的な婚姻破綻の観点からは不十分な長さであるとして捉えられており，その他に積極的な事情（例えば，婚姻継続を希望する当事者の本人尋問の結果に顕れた反対当事者に対する嫌悪の情など）のない限り，実質的な婚姻破綻があったと判断していないように思われる。」「これらの裁判例に加え，前記の立法動向等も考慮すると，別居期間に婚姻継続を希望する当事者側から婚姻継続に向けての働きかけが全くなかったことを前提とした場合には，4

年ないし５年以上の別居があれば，原則として，実質的な婚姻破綻が
あったと判断できると解される。」と述べている（松原『人事訴訟の実務』
256〜257頁）。

(3)　３，４年

　［**裁判例12**］の東京高裁平成29年６月28日判決について，以下のよう
な解説もある。

　「一般に別居期間は，裁判上の離婚原因『婚姻を継続し難い重大な事
由』（民法770条１項５号）の重要な徴表であるとされる。そこでは，性
格の不一致，暴行虐待などの夫婦不和の類型的な事情と別居期間の長短
を総合考慮して破綻を認定する。別居期間の目安は，有責配偶者の例を
除けば，３，４年を基本原則とし，夫婦不和の類型的な事情に応じて，
プラスマイナス１年程度が座標軸となる。特別な事情があるときは，こ
れよりも短い別居期間でも破綻を認められるし，逆に，これよりも長い
期間別居しても破綻を認められない場合もある。このように，別居期間
を中心に据え，配偶者の感情に根ざした生活感覚の食い違いから夫婦の
信頼関係に亀裂が生じ，これが拡大される過程を一つの道筋として代表
的なエピソードを時系列的に認定していく。その結果，夫婦としての信
頼，絆が完全に切れているか，回復の見込みがないかという二つの要素
から破綻を認定することになる。」（家庭の法と裁判14号71頁）

(4)　３年ないし５年

　このような学説から見る破綻の徴表となる別居の期間は，３年ないし
５年を基準とするというところであろうか。

SECTION 2

第 2 章　有責配偶者の離婚請求

第1　昭和62年最判以前の有責配偶者の離婚請求に関する学説

1　消極的破綻主義説

　通説では民法770条は破綻主義に基づく規定であると解されているが，それでも，婚姻関係を自ら破綻させた配偶者からの離婚請求が許されるかは問題である。特にこの問題は，不貞行為をした夫からの離婚請求を認めるべきか否かについて争われてきた。有責配偶者の離婚請求を認めない学説には，主に以下のものがある。

(1)　我妻榮説

　我妻榮は「財産分与―夫婦共通財産の清算・損害賠償及び扶養―をいかに理想に近く実現しても，―一定額の短期間における分割払が最も実現しやすい実情であることに想いいたると―夫婦関係を継続して共通財産の利用と扶助料の請求を認めることには，遙かに及ばない事実を否定しえない。また，みずから婚姻を破綻させ，それを理由に離婚を請求しうるとなすことは，夫からの追い出し離婚を認める結果となり易いことは明らかである。そして，かような現実に支えられながら，国民の倫理観念がこれを反撥することも，無視することはできない。一般的破綻主義は，現実を無視し，倫理観念に抗してまでも強制されるべきものではあるまい。」と述べる（我妻榮『親族法』176頁（有斐閣，1961））。

(2)　中川善之助説

　中川善之助は「破綻主義の理論を徹底させるならば，破綻のあるところ常に離婚判決がえられなければならないことになるから，破綻の責が誰に帰せられるかは問題でなく，あらゆる死亡に死亡診断書が交付され

なければならないのと同様，あらゆる破綻に離婚が与えられるべきであり，離婚によって一方配偶者が困難するという問題は，別に財産分与なり慰藉料なりで救済すべきだということにならなければならない。しかしこの救済方法が十分有効でない場合が実際には少なくない。かかる場合わずかの財産分与もしくは慰藉料で離婚させてしまうより，夫婦関係の実体は回復することがなくても，なお夫婦として扶養を続けさせる方が救済の目的を達することもある。万一の場合には相続権もあることであるから，もし相手配偶者が離婚を欲しないなら，有責配偶者の離婚請求を認容すべきでないということになる。客観的理論的な破綻主義離婚法に加えられた，一つには道義感的な，二つには実際上の打算的な制約として，少なくも自分は承認せざるをえない妥協であろう。」と述べる（中川善之助『新訂親族法』318頁（青林書院新社，1965））。

(3)　佐藤哲郎説

　また，前後するが昭和62年最判（[**裁判例23**]）の裁判官佐藤哲郎の意見は，以下のとおりである。

　「民法770条1項5号は，同条の規定の文言及び体裁，我が国の離婚制度，離婚の本質などに照らすと，同号所定の事由につき専ら又は主として責任のある一方の当事者からされた離婚請求を原則として許さないことを規定するものと解するのが相当である」「我が国の裁判離婚制度の下において離婚原因の発生につき責任のある配偶者からされた離婚請求を許容するとすれば，自ら離婚原因を作出した者に対して右事由をもって離婚を請求しうる自由を容認することになり，同時に相手方から配偶者としての地位に対する保障を奪うこととなるが，このような結果を承認することは離婚原因を法定した趣旨を没却し，裁判離婚制度そのものを否定することに等しい。また，裁判離婚について破綻の要件を満たせば足りるとの考えを採るとすれば，自由離婚，単意離婚を承認することに帰し，我が国において採用する協議離婚の制度とも矛盾し，ひいては離婚請求の許否を裁判所に委ねることとも相容れないことになる。法は，社会の最低限度の要求に応える規範であってもとより倫理とは異なるも

のであるが，正義衡平，社会的倫理，条理を内包するものであるから，法の解釈も，右のような理念に則してなされなければならないこと勿論であって，したがって信義に背馳するような離婚請求の許されないことは法の要求するところというべきであ」る。「有責配偶者からの離婚請求を認めることは，その者の一方的意思によって背徳から精神的解放を許すのみならず，相手方配偶者に対する経済的・社会的責務をも免れさせることになりかねない」「しかし，有責配偶者からの離婚請求がすべて許されないとすることも行き過ぎである。」「有責配偶者からされた離婚請求であっても，有責事由が離婚関係の破綻後に生じたような場合，相手方配偶者側の行為によって誘発された場合，相手方配偶者に離婚意思がある場合は，もとより許容されるが，更に，有責配偶者が相手方及び子に対して精神的，経済的，社会的に相応の償いをし，又は相応の制裁を受容しているのに，相手方配偶者が報復等のためにのみ離婚を拒絶し，又はそのような意思があるものとみなしうる場合など離婚請求を容認しないことが諸般の事情に照らしてかえって社会的秩序を歪め，著しく正義衡平，社会的倫理に反する特段の事情のある場合には，有責配偶者の過去の責任が阻却され，当該離婚請求を許容するのが相当である。」

2　積極的破綻主義説

一方，有責配偶者の離婚請求を認める学説には，主に以下のものがある。

(1)　中川淳説

中川淳は，「離婚法において，婚姻関係の破綻的事実は，事実先行の性格をになう身分法においては，とうぜん評価がなされてしかるべきであるということである。身分法関係の発生および消滅にさいして，身分的事実のまえに，法規がきわめて無力であり，法規のみとめたくない事実でも，これをいつか認めざるを得ないようになるのは，身分法における特色であるとされている。」「近代法における婚姻は，その成立において，自由意思を尊重せられ，強制せられない結合として維持せられるものであり，それは，同時に，自由なる婚姻の意思を喪失してしまった当

事者にたいしては，強制的に婚姻生活の解消の要求と結合する可能性を
もつということである。したがって，この立場にたつかぎり，自由なる
婚姻意思を喪失してしまった当事者にたいして，強制的に婚姻生活の継
続を要求することは，かえって，道徳的根拠を失っており，法の目的か
ら遠いものということができる。」と述べる（中川淳「離婚請求権の濫用」
末川先生古稀記念論文集刊行委員会編『末川先生古稀記念／権利の濫用下』
47〜48頁（有斐閣，1962））。

(2)　野田愛子説

　野田愛子は，平賀健太「人事訴訟」『民訴講座　第5巻』1324頁（有
斐閣，1956）を引用して，「積極的破綻主義の立場をとるべきことを提
唱したのは，離婚の緩和それ自体を意図するものではなく，『夫婦の関
係が裁判所の問題となる頃には，二人の婚姻関係は実質的にはすでに破
綻し，両者はげしく対立し，抗争しつづけているのである。……何故に
法廷の手続までが，夫婦をしてたがいに相手方の非行を主張し立証させ
て，かれらをさらに離間させ，両者の関係に緊張を度を加えるという方
法で行われなくてはならないのであるか……二人の人間が終生消えがた
い憎悪と敵意を抱きながら相別れる（むしろ生き続ける─筆者注）という
事態はあらゆる手段を講じて防止せらるべきである。……その手続は子
供たちの利益のためにも平和的な，宥和的なものに構成される必要があ
る』と，実務経験上，筆者も考え，婚姻・離婚法の近代化はこれに尽き
ると思うからである。

　将来，わが国の離婚原因法の解釈運用においても積極的破綻主義がと
られるに至れば，諸外国の立法にならい，離婚法全体への運用において
争訟性を稀薄化させることも可能となろう。その場合は，家庭裁判所に
おける離婚事件の包括的処理を，改めて議題とすべき機会が到来すると
考えるものである。」と述べる（野田愛子論文497頁）。

3　両説の根拠

このように，有責配偶者の離婚請求を認めないとする学説の根拠として

は，①無責配偶者の保護，②婚姻道徳，国民の倫理感に反すること，③信義則違反又は権利濫用，④裁判離婚制度の趣旨等が挙げられる。

　他方，有責配偶者の離婚請求を認めるとする学説の根拠としては，①破綻事実の重視，②身分法における事実の重視，③夫婦のプライバシーの保護，争訟性の稀薄化，④重婚的内縁発生の除去等が挙げられる。

第2　有責配偶者の定義及び認定

1　有責配偶者の定義

　判例は，有責配偶者を「破綻につき専ら又は主として原因を与えた配偶者」と解している（[**裁判例18**]，[**裁判例19**]，[**裁判例21**]，[**裁判例29**]）。

　なお，昭和62年最判は，有責配偶者を「5号所定の事由による離婚請求がその事由につき専ら責任のある一方の当事者」と述べている。しかしこれは，「従来の判例のいう『主として責任のある当事者』をあえて除いたものではなく，包摂するものとみてよいであろう。」と解されている（最判解説582頁）。

2　ほとんどの有責配偶者は不貞配偶者

　判例では，ほとんどの事案で，不貞行為をなした配偶者を有責配偶者と認定している。

　不貞行為以外で有責配偶者と認められた事案は，有責配偶者の離婚請求の参考裁判例の中では，以下の判例にすぎない。

①　[**裁判例19**]…夫が妻を自己の義姉のもとに同居させて，自分は同居せず，冷淡な態度をとり続けた事案

②　[**裁判例30**]…夫が姑の嫁いびり，嫁の追出しに加担した事案

③　[**裁判例44**]…夫が妻や障害のある子に対し嫌がらせや冷たい態度をとった事案

第**3** 昭和62年最判以前の有責配偶者の離婚請求に関する判例

1　踏んだり蹴ったり判決

　最高裁昭和27年2月19日判決（[**裁判例14**]の上告審判決）は，有責配偶者の離婚請求を棄却した判決として，しばしば引用されている。

　しかし，この判決は，不貞行為をした夫が相手女性との関係を解消して妻のもとに戻れば，夫婦関係の継続は可能であるから，「婚姻を継続し難い重大な事由」には該当しないと判示しており，婚姻破綻を前提として有責配偶者の離婚請求を棄却した判決と言えるかは疑問である。

　しかし，また，この判決は，「夫が勝手に情婦を持ち，妻を追い出すことは俗にいう踏んだり蹴ったりであり，法はかくの如き不徳義勝手気侭を許すものではない」とも述べており，この点は，有責配偶者の離婚請求は，信義則等に反して許されないことを述べたと解されている。

2　有責配偶者の離婚請求を認めない判例

　そして，「婚姻関係が破綻した場合においても，その破綻につきもっぱら又は主として原因を与えた当事者は，みずから離婚の請求をすることができない」との解釈は，その後の判例で承継されてきた（[**裁判例15**]，[**裁判例18**]，[**裁判例19**]，[**裁判例21**]）。

3　有責配偶者の離婚請求法理の制限

　一方判例は，有責配偶者について，原告と被告の有責性の比較をなし，被告により多くの有責性がある場合には，原告の離婚請求を認めている（[**裁判例16**]）。

　また，夫が婚姻破綻後に他の女性と同棲した場合には，その同棲が婚姻破綻の原因となったものではないとして，その離婚請求を認めている（[**裁判例20**]）。

4　有責配偶者の離婚請求を認める下級審判決

　さらに，別居36年余りで，別居期間が同居期間の2倍になる有責配偶者

の夫からの離婚請求を，夫の有責性は客観的には風化しつつあり，離婚により子の福祉が害されたり，妻が経済的に苦境に立つこととはないとして，認める高裁判決が出てきていた（[**裁判例22**]）。

第4 昭和62年最判の内容とその解釈

1　昭和62年最判の内容

　昭和62年最判の事案及び判決要旨は，[**裁判例23**]のとおりである。

　この判決は，上記のとおり，これまで有責配偶者の離婚請求を認めなかった判例を変更し，民法770条1項5号は，有責配偶者からの離婚請求を許容すべきでないとの趣旨までを読みとることはできないとし，有責配偶者からの離婚請求を認める判断基準について，述べたものである。

　この判決は，「おそらく家族法の判例の中で最も重要なものの一つである。」と言われている（大村敦志『家族法　第3版』154頁（有斐閣，2010））。

2　昭和62年最判の解釈

(1)　2つの判断アプローチ

　昭和62年最判は，有責配偶者の離婚請求を認めるか否かの判断基準として，2つの判断基準を挙げている。

　1つは，「5号所定の事由による離婚請求がその事由につき専ら責任のある一方の当事者（以下「有責配偶者」という。）からされた場合において，当該請求が信義誠実の原則に照らして許されるものであるかどうかを判断するに当たっては，有責配偶者の責任の態様・程度を考慮すべきであるが，相手方配偶者の婚姻継続についての意思及び請求者に対する感情，離婚を認めた場合における相手方配偶者の精神的・社会的・経済的状態及び夫婦間の子，殊に未成熟の子の監護・教育・福祉の状況，別居後に形成された生活関係，たとえば夫婦の一方又は双方が既に内縁関係を形成している場合にはその相手方や子らの状況等が斟酌されなければならず，更には，時の経過とともに，これらの諸事情がそれ自体あるいは相互に影響し合って変容し，また，これらの諸事情のもつ社会的

意味ないしは社会的評価も変化することを免れないから，時の経過がこれらの諸事情に与える影響も考慮されなければならないのである。」と述べている判決理由の部分で，この判断基準を仮に「総合判断アプローチ」と呼ぶ。

　他の1つは，「そうであってみれば，有責配偶者からされた離婚請求であっても，夫婦の別居が両当事者の年齢及び同居期間との対比において相当の長期間に及び，その間に未成熟の子が存在しない場合には，相手方配偶者が離婚により精神的・社会的・経済的に極めて苛酷な状態におかれる等離婚請求を認容することが著しく社会正義に反するといえるような特段の事情の認められない限り，当該請求は，有責配偶者からの請求であるとの一事をもって許されないとすることはできない」と述べている判決理由の部分で，この判断基準を仮に「三要件アプローチ」と呼ぶ。

(2)　2つの判断アプローチの関係

　そして，昭和62年最判が，この2つの判断アプローチの関係をどのように見ているかについては，必ずしも明らかでない。

ア　この点について，田中寛明は「最高裁大法廷昭和62年9月2日判決が示す三要件は，これらの要件がそれぞれ充足すれば，それで有責配偶者による離婚請求が認められるという単純な判断構造を有するのではなく，これらの要件を充足するかどうかの分析とそれに関する各事情の認定をした上で，それらの各事情・評価を踏まえ，さらに信義則に照らして，有責配偶者の当該離婚請求が是認できるものであるのかという総合的な判断を行うという複合的構造を有するものとみることができる。」と述べている（松原『人事訴訟の実務』276頁）。

イ　そして，高橋朋子は，昭和62年最判以降の判例には，三要件を部分的にしか充足しない場合に，三要件アプローチを用いて離婚請求を棄却するものと，総合判断アプローチを用いて離婚請求を認めるものとがあることから，「このような，いわば，二重基準状態となっている現状について，再検討をする必要はないのだろうか。」と述べる（「民

法判例百選Ⅲ」31頁（2005））。

ウ　秋武・岡は，「昭和62年大法廷判決が３要件を示したことからする
と，信義則の問題であるからといって，無制限に考慮要素を広げるの
は適当ではないと考えられ，また，同判決が原則的破綻主義を採った
ことからすると，３要件のうち①夫婦の別居が相当の長期間に及ぶと
いう要件が判断の中心となると考えられ，有責性の内容程度や別居後
の双方の生活状況等は，別居が『相当の長期間』に及んでいるといえ
るかどうかの判断要素と位置づけるべきではないかと考える。」と述
べる。

(3)　三要件アプローチの意味

次に三要件アプローチについて，これが要件であるか考慮事由である
かについても，以下に述べるとおり，学説の対立がある。

ア　岡口基一は，判例は，三要件のすべてを充足してはいないがその他
の事情により信義則に反しないとして有責配偶者の離婚請求を認めて
いることから（［**裁判例39**］，［**裁判例43**］等）から，三要件は「有責配
偶者による離婚請求が信義則に反すること」との被告の抗弁に不可欠
な「要件事実」とはいえないと述べている（岡口569頁）。

イ　秋武・岡は，昭和62年最判について「３つが，判断要素として挙げ
られている。」としながらも，「その後の裁判実務においては，この３
要件の適用を中心に主張立証がされ，裁判例が積み重ねられている。」
と述べている（秋武・岡130頁）。

ウ　さらに，阿部徹は，昭和62年最判によると，有責配偶者からの離婚
請求が認められるためには，３つの要件をみたしていなければならな
いと解している（島津一郎＝阿部徹編『新版注釈民法㉒親族⑵』401頁
（有斐閣，2008））。

第5　三要件の主張立証責任

⑴　三要件の主張立証責任について，昭和62年最判の最高裁判例解説は，

以下のように述べる。

「原告は，被告側の信義則違背の主張に対して，夫婦の別居が長期間
に及ぶこと，未成熟子の存在しないことを立証し，被告側は，更に離婚
による苛酷な状態におかれる等の特段の事情について立証することにな
る」（最判解説584頁）

(2)　秋武・岡は，上記最高裁判例解説と同様に，以下のように述べている。

「これを要件事実（主張立証責任）の観点からみると，被告が，抗弁と
して，原告は有責配偶者であること（信義則違反）を主張立証し，原告
が，再抗弁として，①夫婦の別居が相当の長期間に及ぶこと，②未成熟
子の存在しないこと（又は，未成熟子がいても信義則に反しないこと）を
主張立証し，さらに，被告が，再々抗弁として，③離婚により精神的・
社会的・経済的に極めて苛酷な状態におかれる等離婚請求を認容するこ
とが著しく社会正義に反するといえるような特段の事情を主張立証する
ことになろう。」（秋武・岡138頁）

(3)　岡口基一は，上記のとおり，三要件を「要件事実」とは認められない
として，「有責配偶者による離婚請求が信義則に反すること」を被告の
抗弁としている（岡口568頁）。

第6　相当長期間の別居について

1　最判解説

昭和62年最判の最高裁判例解説は，相当長期間の別居について以下のよ
うに述べている。

「ここにいう別居期間は，有責配偶者からの請求の否定法理を排斥する
要件として，前記のような有責性を含む諸事情から解放するに足りるもの
でなければならず，したがって，相当の長期間であることが必要である。
別居期間が本件事案のように36年にも及ぶ場合はもとより，20年ないし15
年であっても，無条件に長期としてよいであろうが（略），10年にも満た
ないような場合には，同居期間や両当事者の年齢と対比して相当の長期間
とはいえないと判断されることがありえよう。たとえば，両当事者が相当

若年であるときは復元可能性にかんがみ相対的に長い期間が要求され，一方，同居期間が極めて短いようなときには比較的短くとも長期間と判断される場合があろう。また，この別居期間は，離婚要件としての明確を期すために，原則としてその理由などを問わずに事実審の口頭弁論終結時までの自然的時間の経過をいうものであるから，その期間には，調停前の別居期間はもちろん，調停期間，調停による別居期間，一，二審の審理期間も含まれることになり，事件によっては訴え提起時点では短い期間のこともありえよう。更にいえば，この期間は，婚姻の拘束力の弱化に伴い，あるいは社会の意識の変化に伴い，今後一層短くなるかもしれない。」（最判解説584～585頁）

2　秋武・岡説

　秋武・岡もほぼ同様に以下のとおり述べている。

　「別居期間は，有責配偶者からの請求の否定法理を排斥する要件として，有責性を含む諸事情から解放するに足りるものでなければならず，したがって，相当の長期間であることが必要である。別居期間が10年を超える事案については，当事者の年齢や同居期間との対比等の検討を要することなく，長期間であると判断されている。他方，別居期間が10年に満たない事案においては，同居期間や当事者の年齢と対比して相当の長期間とはいえないと判断されることがあり得る。例えば，当事者が相当若年であるときは復元可能性にかんがみ相対的に長い期間が要求され，一方，同居期間が極めて短いようなときには比較的短くとも長期間と判断される場合があろう。」（秋武・岡135頁）

3　別居期間10年超は当然に相当長期の別居

　上記の最判解説及び昭和62年最判後の判例を見ると，判例は以下のように解していると思われる。

　すなわち，別居期間が10年を超えるような場合には，両当事者の年齢や同居期間との対比をするまでもなく，「相当長期の別居」といえる（[**裁判例24**]，[**裁判例25**]，[**裁判例26**]，[**裁判例31**] の各最高裁判決）。

　別居期間が10年未満の場合には，両当事者の年齢や同居期間と対比して，「相当長期の別居」といえるかを判断するということである。

　しかし，[**裁判例28**]は，別居期間22年の事案であるが，高裁は「同居期間（約8年）や双方の年齢（夫60歳，妻58歳）と対比すれば，相当の長期間であると判示しており，また，[**裁判例33**]も同様である。したがって，上記の考えが全ての判例で一貫しているとは言えない。

4　有責配偶者の離婚請求が認められる相当長期の別居期間

　参考裁判例によれば，有責配偶者の離婚請求の事案で，別居期間約6年で離婚が認められた事案が最も短い別居期間である（[**裁判例38**]）。

　なお，[**裁判例47**]は別居期間約2年で有責配偶者の妻からの離婚請求を認めているが，この判決は，そもそも三要件アプローチをとっておらず，昭和62年最判とは異なった解釈に立った判決であると思われる。

　また，[**裁判例32**]の最高裁平成2年11月8日判決は，昭和62年最判を引用して，「別居期間が相当の長期間に及んだかどうかを判断するに当たっては，別居期間と両当事者の年齢及び同居期間とを数量的に対比するのみでは足りず，時の経過がこれらの諸事情に与える影響も考慮すべきである」と述べている。

　具体的にこの判示が何を意味するかは必ずしも明らかではないが，別居期間中の両当事者の行動等が「相当長期の別居」の該当性判断に影響するということであろう。

第7　未成熟子の不存在について

　未成熟子の不存在が，有責配偶者の離婚請求を認める要件となるかについては，否定的な説が多い。

1　未成熟子の不存在は要件とまではいえない

　昭和62年最判の最高裁判例解説は，以下のように述べる。

　「本判決は，長期別居に並べて未成熟子の不存在を掲げているが，これ

は，本件事案を前提に，未成熟子のいない多くの場合を想定して子の利益に関する特別の配慮を要しないことを示したものであって，未成熟子が存在する場合に原則的破綻主義を放棄したものではないことはいうまでもない。したがって，未成熟子が存在する場合については，おそらく，離婚によって子の家庭的・教育的・精神的・経済的状況が根本的に悪くなり，その結果，子の福祉が害されることになるような特段の事情のあるときには，離婚をすることは許されないということになるのであろう。」（最判解説585頁）

　また，秋武・岡も，これと同旨を述べ，さらに「未成熟子が高校生以上である場合には，その精神的な成長度や今後の監護を要する期間が比較的短いことなどから，有責性の程度，別居期間の長さ，その間の監護状況，今後の監護態勢及び経済的状況等を踏まえ，離婚請求が信義誠実の原則に反しないとされることがある」と述べている（秋武・岡135頁以下）。

2　未成熟子の不存在を考慮事由とすることへの疑問

(1)　久保野恵美子は，離婚と子の存在との関係について，「有責配偶者からの離婚請求においてのみ未成熟子の存在やその状況を考慮するというのは疑問である。子の事情，及び離婚が子に与える影響は，（児童虐待を含む家庭内暴力により婚姻を破綻させた有責性といった例を除けば）婚姻当事者たる父母の有責性の有無とは独立した関係にあるのが通常であると思われるからである」と述べる（久保野恵美子論文431頁）。

(2)　許末恵も「子の利益への配慮は，未成熟子のいる離婚一般に必要なものである。また，子の利益は，離婚の問題とは別に，親権者の決定や子の監護事項における面接交渉や養育費等の配慮により確保されるべきものであり（略），離婚の認否の判断要素として子の問題を入れることには問題がある（略）。」と述べる（「平成20年度主要民事判例解説」別冊判タ25号116頁）。

3　判例における未成熟子の不存在の事由

　そして，[裁判例35]の最高裁平成6年2月8日判決は，「有責配偶者か

らされた離婚請求で，その間に未成熟子の子がいる場合でも，ただその一事をもって右請求を排斥すべきものではなく，前記の事情を総合的に考慮して右請求が信義誠実の原則に反するといえないときには，右請求を認容することができる」と判示した。

この判決によれば，未成熟子の不存在は，有責配偶者の離婚請求を認容する要件とはいえないことになる。

そして，[**裁判例39**]では，控訴審判決時に12歳と10歳の子がいる事案について有責配偶者の夫からの離婚請求を認容しており，[**裁判例43**]の大阪高裁平成19年5月15日判決では，18歳と16歳の高校生の子がいる事案について，有責配偶者の夫からの離婚請求を認容している。

さらには，[**裁判例47**]の東京高裁平成26年6月12日判決は，6歳と4歳の子がいる有責配偶者の妻からの離婚請求を認容しているのである。

第8　特段の事情について

1　特段の事情の内容

(1)　昭和62年最判は，「相手方配偶者が離婚により精神的・社会的・経済的に極めて苛酷な状態におかれる等離婚請求を容認することが著しく社会正義に反するといえるような特段の事情」（以下，単に「特段の事情」という）の存在を，有責配偶者からの離婚請求の棄却の事由としている。

(2)　特段の事情について，最高裁判例解説は，「この特段の事情は，結局，ここに例示的に掲げられた「相手方配偶者が離婚により精神的・社会的・経済的に極めて苛酷な状態におかれる」ことに集約されているものと思われる。右の特段の事情は，相手方に例外的に期待不可能な著しい苛酷さをもたらすことを意味し（略），苛酷な状態は婚姻の破綻によって生じるものでは足りず，離婚自体に起因するものであることを要する。したがって，異常な事情に起因する例外的な著しい苛酷さであることを必要とするため，経済的理由による苛酷条件の適用の余地はかなり狭く，また，夫婦の別居が長くなればなる程右の事情は認め難くなるであろう（略）。」と述べる（最判解説586頁）。

2　特段の事情に子についての事情が含まれるか

　子についての事情が「特段の事情」に含まれるかについては，議論がある。

　昭和62年最判は，相手方配偶者が離婚により極めて苛酷な状態におかれることと述べていること，子の問題は離婚とは切り離して検討すべき問題であるので，子の事情は含まれないとする説が多い。

　しかし，［**裁判例44**］の東京高裁平成20年5月14日判決は，離婚請求が認容されれば，夫と障害を負う子との間で実質的な親子関係を回復することはほとんど不可能な状態になることを特段の事情として認定している。

　また，［**裁判例45**］の高松高裁平成22年11月26日判決は，妻が離婚によって障害を負う子の介護に関する実質的な負担を一人で抱え込むことにより，妻が経済的・精神的にも苛酷な状況に置かれることを特段の事情として認定している。

第9　その他の考えられる考慮事由

1　婚姻費用分担義務の不履行

　改正民法要綱の信義則条項は，5年別居条項又は婚姻が破綻して回復の見込みがないときを原因とする離婚であっても，離婚の請求をしている者が配偶者に対する協力及び扶助を著しく怠っていることにより，その請求が信義に反すると認められるときは，離婚の請求を棄却できると規定している。

　有責配偶者の離婚請求にあたり，原告が婚姻費用分担義務を履行していないことを，どのように考慮するかが問題となる。

　一般的には，特段の事情の1つとして考慮されることになろう。

　［**裁判例30**］の東京高裁平成元年5月11日判決は，夫が調停で決まった婚姻費用を支払っていないことから，今後の妻に対する財産的給付の可能性は極めて薄いとして，特段の事情を認定している。

　また，［**裁判例31**］の大阪高裁昭和62年11月26日判決は，夫が婚姻費用審判確定後も強制執行を受けなければ支払わないという態度を続けたこと

から，財産分与ないし慰謝料の支払が認容されてもその実効性に疑問があるとして特段の事情を認定したのに対し，最高裁は，このような経済的・精神的不利益は，離婚に必然的に伴う範囲を著しく超えるものではなく，特段の事情に当たらないと判示している。

2　面会交流の非寛容

　次に，原告が子との面会交流を認めないという事情も，有責配偶者の離婚請求の許否にあたりどのように考慮するかも問題である。

　判例の事案は，原告が不貞行為をした夫で，子は被告である妻が監護養育している場合が圧倒的に多いので，この問題は生じない。

　しかし，原告が有責配偶者の妻で，妻が子の監護養育をしている場合には，原告が被告である夫と子との面会交流を認めないことが考えられる。この場合に，原告の面会交流の非寛容の事実を，被告が離婚により精神的に極めて苛酷な状態に置かれる特段の事情として考慮するかどうかも問題である。

第 3 章 有責配偶者の離婚請求と５号所定の
事由による離婚請求との関係

第1　「有責配偶者の離婚請求」法理の役割

1　昭和62年最判理論の変更判例

　昭和62年最判の判例理論は，その後の判例等によって，現在ではその意味が失われてきていると考えられる。

(1)　三要件の変更

　まず，有責配偶者からの離婚請求を認めない法理は，当時の学説が指摘するように，その効果としては，離婚により特に妻が経済的に極めて苛酷な状況に追い込まれることを防止する目的であった。

　昭和62年最判が判示した三要件は，その後の判例ではほぼ要件として機能してきたが，［裁判例35］の最高裁平成６年２月８日判決で，未成熟子の不存在の要件は，要件とはならないことが判示された。

　そして，その後，未成熟子がいる場合であっても有責配偶者の離婚請求を認める判例が出ている。

(2)　有責配偶者の妻からの離婚請求への不適用

　［裁判例47］の東京高裁平成26年６月12日判決は，「有責配偶者からの離婚請求が否定されてきた実質的な理由の一つには，一家の収入を支えている夫が，妻以外の女性と不倫や不貞の関係に及んで別居状態となり，そのような身勝手な夫からの離婚請求をそのまま認めてしまうことは，残された妻子が安定的な収入を断たれて経済的に不安定な状態に追い込まれてしまい，著しく社会正義に反する結果となるため，そのような事態を回避するという目的があったものと解されるから，仮に，形式的には有責配偶者からの離婚請求であっても，実質的にそのような著しく社

会正義に反するような結果がもたらされる場合でなければ，その離婚請求をどうしても否定しなければならないものではないというべきである。」と述べて，有責配偶者の妻からの離婚請求の場合には「有責配偶者の離婚請求」法理を適用する必要がないかのような判示をしている。

2　「有責配偶者の離婚請求」法理に反対する学説

学説でも「有責配偶者の離婚請求」法理に疑問を呈するものが出てきている。

(1)　久保野恵美子説

久保野恵美子は，昭和62年最判以後において「有責配偶者」であるという範疇を設定した上で，離婚請求認否の基準を問う思考の段階は必然ではないと考えられるとし，「有責配偶者であることの一事をもってしては離婚請求棄却が基礎付けられない点で，有責性は他の要素との相関によって離婚請求の認否に影響を与えるにすぎないとも言え，そうであれば，有責配偶者であるか否かを他の要素に優先して問題とする解釈はその重要性を失うとも思える。」と述べる（久保野恵美子論文428頁）。

(2)　犬伏由子説

犬伏由子は，「有責配偶者からの離婚請求を破綻主義離婚法の中でどのように位置づけるのかについては昭和62年大法廷判決でも必ずしも明確にされていない。大法廷判決は，㈠婚姻が破綻していても，㈡有責配偶者からの離婚請求である場合は，㈢信義則に反するとはいえないときには請求が認容されるとしたが，信義則の具体的内容を三要件または諸要素であると考えても，三要件または諸要素と婚姻の破綻との関係ははっきりしない。むしろ，三要件または諸要素は婚姻破綻の判断基準を示しており，それを信義則の適用と言っているに過ぎないとも考えられる。しかも，信義則の内容として重視されるのが長期間の別居という事実であるとしたら，婚姻の破綻をまず認定しておきながら，有責配偶者からの離婚請求の場合，更にかなり長期の別居を要求する判例の状況は，

『自ら婚姻関係を破綻させたような勝手な者が離婚を認められるまでには相当長期間我慢しなければならない』と言っているにすぎず，有責配偶者の離婚請求の場合は婚姻破綻の認定のハードルを二重にするか，あるいはハードルを高くしているものと考えられる。」と述べる（犬伏由子「未成熟子がいる有責配偶者からの離婚請求が認容された事例」判時1524号208～209頁）。

3 「不貞行為＝有責性」認定の問題

　判例で明らかなように，「有責配偶者の離婚請求」法理が適用となる「有責配偶者」は，ほとんどの事案が配偶者の不貞行為の場合である。不貞行為が有責行為であることは当然であるが，夫婦の婚姻が破綻となる原因は，当事者双方にある場合がほとんどであり，そのうちから不貞行為の場合のみを取り出して，別の法理を適用するのは，現実にそぐわないことが多いと思われる。

　この点について二宮・榊原も「実際には，有責性が配偶者の一方のみにあるという事案は極めてまれであり，不貞の事案であっても，その前に信頼関係を徐々に破壊するさまざまな事実の積重ねが存在していることが普通である。現在の判例では，ひとたび不貞が証明され，有責配偶者と位置づけられると，実際には，双方の有責性の割合が 6 対 4 や 7 対 3 程度の事案であっても，10対 0 のような扱いに転じてしまいがちである。」と述べている（二宮周平・榊原富士子『離婚判例ガイド 第 3 版』78頁（有斐閣，2015））。

4 　婚姻破綻の徴表としての別居期間と相当長期間の別居との関連

　「有責配偶者の離婚請求」法理において，婚姻破綻が認定される別居期間より相当長期の別居期間が要求される理由について，昭和62年最判の最高裁判例解説は「別居期間は，（略）有責性を含む諸事情から解放するに足りるものでなければならず，したがって，相当の長期間であることが必要である。」と述べる（最判解説589頁）。

そして，第２章で検討したように，相当長期間の別居とは，判例では10年から６年以上の別居期間が該当するとされている。

一方，「婚姻を継続し難い重大な事由」は，第１章第10で述べたように，別居が重要な徴表とされ，判例で認定されているその別居期間は，３年から５年くらいと考えられる。

このように，３年から５年の違いがある別居期間により，有責配偶者の離婚請求とそうでない離婚請求を区分する実質的意味があるかは疑問である。

第2　「婚姻を継続し難い重大な事由」の認定における有責性

1　有責性の排除

学説の中には，「婚姻を継続し難い重大な事由」の認定には，裁判官の裁量が広く，また，当事者のプライバシーの暴き合いになる危険から，有責性の要素を排除しようとするものが多い。

若林昌子は，昭和62年最判についてであるが「大法廷判決は有責性の比重を軽く狭く位置付け積極的破綻主義に歩み寄るものであるが，有責性の比重の軽減は完全な破綻主義とは本質的に異質なものである。離婚原因の中に有責性の入り込む余地を認めることは，離婚訴訟の審理対象として有責性を持ち込むことになる。有責性の有無，程度，破綻との因果関係などの審理は，一般的な経験則がないので個別具体的な，しかも長期の婚姻生活全般に及ぶ審理に陥る可能性が大きい。さらに裁判官の個人的価値観，婚姻観に左右される余地が否定できない。後に触れる諸外国の離婚制度が示唆するように，離婚原因を客観的な事実である一定期間の別居とすることにより，審理対象から有責性を除外することができる。有責性の追求はプライバシー権の侵害となり，離婚当事者間に子のある場合にも離婚後の人間関係を破綻する危険性がある。つまり，有責性の余地を残すことは不毛の人格攻撃の場を与えることになり，結果的に，有責配偶者の制裁に優先価値を認めることになり，これを許容する弊害を危惧せざるを得ない。有責性を信義則の考慮事情として限定的な位置付けをしたことは，結果的

には有責配偶者の離婚請求を認める可能性を拡大するであろう。しかし，離婚訴訟のプロセスは消極的破綻主義における同様の弊害が生じる危惧を払拭できない。」と述べる（若林昌子「有責配偶者の離婚請求」野田愛子＝梶村太市総編集『新家族法実務大系　第1巻　親族［Ⅰ］―婚姻・離婚―』462頁（新日本法規出版，2008））。

2　有責性考慮の必要性

(1)　しかし，「婚姻を継続し難い重大な事由」の認定にあたり，当事者の有責性を完全に排除することは現実的ではないし，相当でもない。

　相当期間の別居が5号所定の事由認定の重要な徴表であることは間違いないが，相当期間の別居のみで，5号所定の事由認定の有無を判断することは無理である。

　現在の実務では，被告の暴力や暴言等の有責行為が原因で別居した原告が離婚請求をする場合に，相当期間の別居を必要としないと考えている。

　また，相当期間の別居があっても，原告に信義則違反的な行為がある場合や，被告に苛酷な状態が生ずる場合には，原告の離婚請求を棄却することになろう。この場合の信義則違反的な行為は，原告の有責性（破綻に関する有責性と限らないが）と解するしかない。

(2)　民法770条1項1号の不貞行為及び2号の悪意の遺棄は，有責行為による離婚原因であり，1号ないし4号の離婚原因は5号の例示であるとする通説的見解によれば，5号事由には有責性が考慮事由として含まれているといえる。

(3)　離婚訴訟において，有責性の追求が当事者のプライバシー権の侵害になるとの指摘は，そもそも婚姻という極めて私的な関係の解消を当該当事者が行う場合には，第三者がプライバシーを侵害する場合と異なり，ある程度これを甘受せざるを得ないであろう。

　また，有責性の主張をある程度類型化することにより，審理の範囲を限定し，訴訟の長期化，複雑化を防ぐことも可能であり，現在の離婚訴訟ではかなりの程度これが実現されている。

第**3**　5号所定の事由の認定についての私見

1　「婚姻を継続し難い重大な事由」の認定

(1)　筆者は，「婚姻を継続し難い重大な事由」の判断要件としては，

　　①　婚姻関係の破綻

　　②　婚姻関係の修復の不可能性

　　③　その他婚姻の継続を相当とする事由の不存在

と解するのが，最も適切であると考える。

　　婚姻破綻の要件に婚姻の修復不可能性を含めることも考えられるが，その場合には，婚姻の修復可能性の審理，判断が不十分になる可能性があるので，別要件とする方が望ましいと考える。

(2)　要件事実としては，原告が①婚姻関係の破綻の主張立証をなし，被告が②婚姻関係の修復が可能であること，③婚姻の継続を相当とする事由があることを主張立証することになろう。

(3)　婚姻関係の破綻については，相当期間の別居がある場合には，婚姻関係の破綻が事実上推定されることになろう。

　　相当期間の別居がない場合であっても，被告の有責行為がある場合には，婚姻関係の破綻が認定される場合がある。

(4)　婚姻関係の修復が可能であることは，被告が修復のための具体的行為，努力をしたこと，その効果等を主張立証することになる。

　　修復の可能性については，被告が婚姻費用分担義務を負う場合には，被告が婚姻費用を支払っていることは，修復の可能性認定の前提となろう。

(5)　婚姻の継続を相当とする事由の存否については，特に別居期間中の当事者の行動が重要である。

　　子の監護親が相当な理由がないのに，非監護親と子との面会交流を拒んでいる事実は，監護親が原告の場合には，離婚によって更に非監護親と子との交流が途絶えることになることが予想されるので，婚姻の継続を相当とする事由となろう。

2　信義則違反の抗弁

　なお，5号事由による離婚請求についても（有責配偶者の離婚請求の場合でなくとも）信義則違反の抗弁はあり得る。

　昭和62年最判は，「離婚は社会的・法的秩序としての婚姻を廃絶するものであるから，離婚請求は，正義・公平の観念，社会的倫理観に反するものであってはならないことは当然であって，この意味で離婚請求は，身分法をも包含する民法全体の指導理念たる信義誠実の原則に照らしても容認されうるものであることを要するものといわなければならない。」と述べており，これは有責配偶者の離婚請求だけでなく，離婚請求一般に該当するものである。

　したがって，5号所定の事由による離婚請求の場合であっても，被告が民法改正要綱が定める苛酷条項や信義則条項に該当するような事情を信義則違反として主張することは可能である。

SECTION 4

第 4 章　離婚慰謝料

第1　離婚慰謝料の法的性質

1　離婚原因慰謝料と離婚自体慰謝料

　一般に離婚慰謝料には，①離婚原因慰謝料と②離婚自体慰謝料があると言われている。

　このうち，①離婚原因慰謝料とは，暴行や虐待等の離婚の原因となった個別の有責行為によって被った精神的苦痛に対する慰謝料をいい，②離婚自体慰謝料とは，離婚という結果そのものから生ずる精神的苦痛に対する慰謝料をいうとされている。

2　離婚原因慰謝料の内容

(1)　上記のとおり，離婚原因慰謝料は，離婚原因となった個別の有責行為による慰謝料である。

　　夫婦間であっても，身体・自由・名誉のような一般的法益を侵害する行為については第三者間と同様に，暴行や虐待等の不法行為によって慰謝料が生ずることは争いがない。

　　［裁判例56］の一審，控訴審の判決（神戸地裁平成11年9月8日判決，大阪高裁平成12年3月8日判決）は，離婚慰謝料とは別に，婚姻中の夫の暴行による入通院慰謝料，後遺障害慰謝料，後遺障害による逸失利益を認めている。

(2)　しかし，夫婦間の同居協力義務（貞操義務を含む），婚姻費用分担義務等の婚姻に伴う義務に違反した場合に，どの範囲で不法行為が成立すると解するかについては，説が分かれている。

　　上野雅和は，婚姻義務違反については家事審判法（当時）による独自の救済手段が設けられていることや，義務の性格上その履行は自発的履

行でなければならず，間接強制を認めるべきでない等の理由から，婚姻
継続中については，婚姻義務違反に対する損害賠償請求を否定している
（上野雅和「夫婦間の不法行為」奥田昌道ほか編『民法学7』90頁（有斐閣，
1976））。

　また，成澤寛も，「夫婦間で行われた個別的行為に対する損害賠償に
ついては，一般的法益侵害の場合と婚姻義務違反の場合を分け，一般的
法益侵害行為については通常の不法行為として婚姻中の賠償請求が認め
られるが，婚姻義務違反については，それが婚姻破綻を導いた場合をの
ぞき，不法行為を構成しないものと解したい。」と述べる（成澤寛「離婚
慰謝料と不貞行為慰謝料に関する理論的考察」岡山商大法学論叢第17号所収
124頁）。

　判例では，配偶者の不貞行為による慰謝料請求については，婚姻継続
中（離婚前）の不法行為の成立を認めている。例えば，[**裁判例60**]の
前訴では，妻が婚姻中に夫と不貞相手に対し，不貞行為に基づく慰謝料
請求訴訟を提起し，夫と不貞相手に連帯して300万円の慰謝料の支払を
命ずる判決が下されている。

　しかし，不貞行為以外の婚姻義務違反については，独立の不法行為と
するかについて，判例は消極的であろう。

　東京高裁平成21年12月21日判決（[**裁判例61**]の控訴審判決）は，「離婚
に伴う慰謝料請求は，相手方の一連の有責行為により離婚を余儀なくさ
れたことの全体を一個の不法行為として，それから生じる精神的苦痛に
対する損害賠償請求と扱われるのが通常であるが，その場合，その間の
個別の有責行為が独立して不法行為を構成することがあるかについては，
当該有責行為が性質上独立して取り上げるのを相当とするほど重大なも
のであるか，離婚慰謝料の支払を認める前訴によって当該有責行為が評
価し尽されているかどうかによって決するのが相当である。」と述べて
いる。

3　離婚自体慰謝料の内容

(1)　判例では，離婚自体慰謝料について「相手方の有責不法な行為によっ

て離婚するの止むなきに至ったことによる損害賠償」（[**裁判例48**]，[**裁判例49**]）と解されている。

　判例は，一貫して離婚自体慰謝料を不法行為に基づく損害賠償と解しているが，その被侵害利益は何かについては，判例でも明確ではない。一般には，「婚姻関係，夫婦関係そのもの」「離婚せざるをえなくなった夫または妻の配偶者たる地位」と解されている。

(2)　判例は，離婚自体慰謝料を不法行為に基づく損害賠償と解しているが，不法行為の要件については，一般の不法行為の要件とは異なりかなり緩和して解している。

　この点について，松原正明は，「個別的有責行為その他を原因として婚姻関係が破綻し，その結果離婚が成立すれば，離婚原因を作った一方が，配偶者としての地位を喪失する他方に対し，支払義務を負うことになる慰謝料である（相手方の一連の有責行為により離婚に至らしめられたという経過全体を一個の不法行為と捉え，離婚へと発展させられたことによる精神的苦痛と離婚という結果自体から受ける精神的苦痛に対する損害賠償請求。離婚の成立時から3年の消滅時効にかかる。）」と述べており（松原『人事訴訟の実務』345頁），これが実務の通説であろう。

4　離婚原因慰謝料と離婚自体慰謝料との関係

　離婚原因慰謝料と離婚自体慰謝料との関係について，一般に①峻別説と②一体説があると言われている。

　①の峻別説とは，離婚慰謝料とは離婚自体慰謝料を指し，離婚原因慰謝料は離婚そのものによってはじめて生じた損害を賠償するものではないので，離婚とは別個独立した不法行為に基づく損害賠償請求と捉える説である（岩志和一郎「家族関係と不法行為」155頁，潮見佳男『不法行為法Ⅰ（第2版）』225頁（信山社，2009））。

　他方，②の一体説とは，離婚原因となった個別有責行為の発生から，離婚に至るまでの一連の経過を全体として一個の不法行為と捉え，離婚慰謝料には，離婚原因慰謝料と離婚自体慰謝料が含まれるとする見解である（大津66頁）。

　訴訟実務では，離婚慰謝料を一体的に主張する場合が圧倒的に多い。しかし，原告が離婚自体慰謝料と離婚原因慰謝料を分けて主張する場合には（[**裁判例56**] のように），これを否定することはなく，裁判所は両者を別の訴訟物として審理判断することになる。

　したがって，判例はあえていえば，原告が峻別説，一体説を選択できると解していると言えようか。

　以下，離婚慰謝料について述べる際には，特に言及しない限り，離婚原因慰謝料と離婚自体慰謝料を含むものとして説明する。

5　離婚原因慰謝料と離婚自体慰謝料の訴訟物

　広島高裁平成19年4月17日判決（[**裁判例60**] の控訴審判決）は，前訴の慰謝料請求（不貞慰謝料請求，離婚原因慰謝料）と後訴による慰謝料請求（離婚自体慰謝料請求）とは，訴訟物が異なるとして，前訴の既判力は後訴には及ばないと判示した。

　また，準拠法の決定についても，離婚原因慰謝料と離婚自体慰謝料を分けて，前者は不法行為地法が，後者は離婚の効力に関する準拠法が適用になると解している（[**裁判例51**]，[**裁判例52**]）。

　東京家庭裁判所家事第6部編著『東京家庭裁判所における人事訴訟の審理の実情（第3版）』18頁（判例タイムズ社，2012）には，「損害賠償請求である場合にも，例えば，離婚そのものによる慰謝料請求と離婚原因を構成する不法行為に基づく慰謝料請求とがあるので，そのいずれであるのかを明確にする必要がある（遅延損害金の起算点が，前者であれば判決確定の日の翌日となるが [ただし，判決確定の日とする考えもある。]，後者であれば不法行為の日 [一部請求として訴状送達の日の翌日を起算点とするものが多い。] となる。もっとも，実際には，離婚に伴う慰謝料を求めるものがほとんどである。)」と書かれており，両者の訴訟物は異なることを前提にしている。

第2　不貞慰謝料

　婚姻中に配偶者が不貞行為をした場合に，他方の配偶者が不貞行為の相

手や配偶者に対し，不法行為に基づく慰謝料請求をすることが少なくない。

　ここでは，以下，原告となる配偶者をX，被告となる第三者をY，Xの
配偶者をZとして説明する。

1　XのY（不貞相手）に対する慰謝料請求

⑴　配偶者（Z）とYの不貞行為を理由として，他方配偶者（X）が不貞
　行為の相手（Y）に不法行為による慰謝料請求ができることは，判例上
　確立している。

　　最高裁昭和54年３月30日判決（［**裁判例63**］の上告審判決）は，「夫婦の
　一方の配偶者と肉体関係を持つた第三者は，故意又は過失がある限り，
　右配偶者を誘惑するなどして肉体関係を持つに至らせたどうか，両名の
　関係が自然の愛情によつて生じたかどうかにかかわらず，他方の配偶者
　の夫又は妻としての権利を侵害し，その行為は違法性を帯び，右他方の
　配偶者の被つた精神上の苦痛を慰藉すべき義務がある」と判示している。

　　そして，この場合の被侵害利益は何かが問題となる。

　　上記昭和54年最判は，被侵害利益をXの「夫又は妻の権利」としてい
　る。

　　それに対し，最高裁平成８年３月26日判決（［**裁判例67**］の上告審判決）
　は，「甲の配偶者乙と第三者丙が肉体関係を持った場合において，甲と
　乙との婚姻関係がその当時既に破綻していたときには，特段の事情がな
　い限り，丙は，甲に対して不法行為責任を負わないものと解するのが相
　当である。けだし，丙と乙と肉体関係を持つことが甲に対する不法行為
　となる（略）のは，それが甲の婚姻共同生活の平和の維持という権利又
　は法的保護に値する利益を侵害する行為ということができるからであっ
　て，甲と乙との婚姻関係が既に破綻していた場合には，原則として，甲
　にこのような権利又は法的保護に値する利益があるとはいえないからで
　ある。」と判示している。

　　このように，平成８年最判は，「婚姻共同生活の平和の維持という権
　利又は法的保護に値する利益」を被侵害利益としている。

⑵　この平成８年最判は，昭和54年最判を変更したものかどうかが，問題

となる。

　この点について平成8年最判の調査官解説は，昭和54年最判は婚姻関係破綻前の事案であり，平成8年最判とは事案が異なると述べ，最高裁が被侵害利益について判例を変更したとは解していない（「最高裁判所判例解説民事篇（平成8年度（上））」248頁）。

　そして，その後の判例においても，YとZの不貞行為により，XとZの婚姻関係が破綻まではしていない場合であっても，XのYに対する慰謝料請求を棄却することはなく，当該不貞行為により婚姻関係が破綻したか否かは，損害額の認定において考慮することが一般的である。

　学説では，①変更を否定する説（良永和隆「民法基本判例解説（162）292不貞行為の相手方に対する配偶者及び子の慰藉料請求」みんけん594号15頁）と，②実質的な判例変更であり，婚姻関係が維持されている場合の請求は，被侵害利益なしとの理由で排斥されるとの説（辻朗「不貞慰謝料請求事件をめぐる裁判例の軌跡」判タ1041号35頁）が対立している。

⑶　学説では，この訴訟の弊害を指摘して，第三者に対する不貞慰謝料請求を否定する説が強い。

　水野紀子は，「貞操義務は，配偶者間では強く要請される。ただしその人格権的内容ゆえに，貞操要求権は当事者間でのみ強い拘束力をもつ特殊な債権であって，第三者による債権侵害は，原則として不法行為とならない。しかし，第三者の行為態様がきわめて違法性が強かった場合，具体的には，裏切られた配偶者に離婚を迫って精神的暴力に近い言動をするなどの「策略」行為があった場合には，その行為によって配偶者が直接的に「特別の害」を被る場合があるだろう。そのときには，そしてそのときにのみ，不法行為に基づく慰謝料請求権が発生するものとしたい。」（水野紀子「不貞行為の相手方に対する慰謝料請求」円谷峻＝松尾弘編代『損害賠償法の軌跡と展望：山田卓生先生古稀記念論文集』147頁（日本評論社，2008））と述べる。

2　XのZ（他方配偶者）に対する慰謝料請求

　婚姻中に配偶者であるZが不貞行為をした場合に，それがZのXに対す

る貞操義務違反であることは争いがない。

　他方，配偶者であるXがZに対して，婚姻継続中に（離婚請求をせずに），不貞慰謝料請求ができるかについては，判例上必ずしも明らかではない。

　しかし，判例上，YとZの不貞行為は，Xに対する共同不法行為であり，Yの慰謝料支払債務とZの慰謝料支払債務は不真正連帯債務であることから，Xが婚姻継続中に，Yに対して不貞慰謝料請求ができないとの結論にはならないであろう。

　[**裁判例60**]の前訴判決は，婚姻中に配偶者と不貞相手に対し，連帯して慰謝料の支払を命じている。

第3　第三者に対する離婚慰謝料の請求

1　第三者に対する離婚慰謝料請求を認めた判例

　離婚慰謝料を配偶者以外の第三者に請求できるかが問題となる。

　この場合の第三者とは，配偶者と不貞行為をして離婚に至らしめた者が圧倒的に多いが，息子と一緒になって嫁を追い出した姑のような場合もある。

　判例では，以下のように，これを肯定したものがある。

①　広島家裁平成18年11月21日判決（[**裁判例60**]の一審判決）は，夫と夫の不貞相手に対し，妻に対する離婚慰謝料の連帯支払いを認めている。

②　東京高裁平成10年12月21日判決（[**裁判例55**]の控訴審判決）は，不貞相手に対する離婚慰謝料の請求を認めている。

2　第三者に対する離婚慰謝料請求を否定した最高裁判決

　しかし，[**裁判例62**]の最高裁平成31年2月19日判決によって，夫婦の一方は，他方と不貞行為をした第三者に対し，特段の事情がない限り，離婚慰謝料を請求できないことが判示された。

　この最高裁判決は，近時の不貞相手に対する不貞慰謝料請求を制限ないし否定する学説の影響も受けていると思われる。

　学説では，不貞行為の相手に不貞慰謝料を請求できることについても反対説が強い。そのため，不貞行為の相手に離婚慰謝料を請求できるとする説はほとんどないであろう。

　岩志和一郎は，「最終的に離婚を決するのは夫婦自身であることを考えると，先に不貞行為の相手方に対する慰謝料請求について述べたところと同じく，第三者の責任を問うには慎重であるべきである。第三者が婚姻を破綻させることを意図し，かつ社会観念上不当と思われる程度の干渉行為を行った場合に限り違法性をおび，その不法行為責任を問いうるとみるべきであろう。」と述べる（岩志和一郎「家族関係と不法行為」161頁）。

第4　離婚慰謝料と財産分与の関係

　離婚慰謝料の法的性質に関する見解の相違から，学説では，離婚慰謝料と財産分与の関係についても諸説が出ることになった。

　しかし，判例では最高裁昭和46年7月23日判決（[裁判例49]の上告審判決）によって，財産分与請求権と慰謝料請求権はその性質が違うこと，精神的損害賠償の給付を含めて財産分与の額及び方法を定めることができること，財産分与がされてもそれが損害賠償の要素を含めた趣旨とは解されないか，そうでないとしても，その額及び方法において，請求者の精神的苦痛を慰謝するには足りないと認められるものであるときには，別個に離婚慰謝料を請求できることが明らかになっている。

　そして，実務においては，ほとんどの事案では，離婚慰謝料と財産分与の請求を区分しており，財産分与の慰謝料的要素として主張する場合には，そのことを明確にしている。

　したがって，離婚慰謝料と財産分与の関係が実務上問題となることはほとんどなく，この問題は理論的問題の域を出ないと思われる。

第5　離婚慰謝料の成立要件，考慮事由 ── 不法行為の要件の緩和

1　個別的有責行為が不法行為の要件を充足する必要はない

　上記のとおり，判例は，離婚慰謝料請求を不法行為に基づく損害賠償請求と解している。

　しかし，離婚慰謝料については，婚姻中の個別的行為が違法行為といえなくても，これを認めている。

　この点については，「離婚原因たる個別的有責行為がそれ自体としては不法行為を構成するに足りなくとも，右行為の結果，相手方をして離婚のやむなきに至らしめた場合には，不法行為の責任を免れないとして，その成立要件を緩やかに解している。」と説明されている（大津29頁）。

　また，最高裁昭和31年2月21日判決（[裁判例48]の上告審判決）についての解説は「離婚原因となった個別の行為自体が独立の不法行為を構成することまでは必要ではないと解しているものと考えられる。」としている（家庭の法と裁判22号88頁）。「そして，実務上，離婚原因となった個別有責行為については，日時・場所・態様が厳密に特定されることなく概括的に主張されるのが一般的であって，個別的にみると不法行為の要件を満たしているということはできないことが多い。」と指摘されている（同上）。

2　離婚慰謝料算定の考慮事由

　このように，離婚慰謝料は，個別的には不法行為の要件を満たさない離婚に至る経過全体を一個の不法行為ととらえて慰謝料の有無，金額を認定していた。

　そのため，どのような場合に離婚慰謝料請求が認められるか，その金額はいくらと認定されるかについて，必ずしも基準が明らかでなかった。そこで，判例を分析して，慰謝料算定の考慮事由，斟酌事由が検討されてきた。

　大津千明は，判決調査の結果，慰謝料算定の斟酌事由として「一般的事情としては，破綻原因，破綻に至る経緯，婚姻期間，責任の割合，有責行為の態様，婚姻に至る事情，婚姻生活の実情，親権の帰属等が，被告側事

情としては，現在の職業・収入，非嫡出子の出生や認知，学歴・経歴，生活費不払等が，原告側の事情としては，年齢，破綻の責任，現在の職業，収入，生活状況，学歴・経歴，初婚・再婚の別等が比較的重視されているということができる。」と述べている（大津78頁）。

　これらの判例の調査分析は，網羅的に慰謝料算定の考慮事由を分析しているが，これでは必ずしも，離婚慰謝料請求の可否の基準，離婚慰謝料額の算定基準は，明確ではなく，これは広く裁判所の裁量に委ねられてきたというのが実態であろう。

3　特殊な離婚慰謝料認定の判例

　例えば，以下の裁判例は，離婚慰謝料の認定において，やや特殊な判例といえるだろう。

① ［**裁判例50**］は，夫が性交渉をせず，同居期間約2か月で協議離婚した事案について，夫に500万円の慰謝料の支払を命じている。

② ［**裁判例51**］は，夫の主張，供述から，夫が妻を自己と対等の人格を有する者と認めず，一段劣った者と見ていたことを認定し，婚姻破綻の主な原因を作ったのは夫であるとして，夫に150万円の慰謝料の支払を命じている。

③ ［**裁判例53**］は，婚姻破綻の原因は明確ではないとしながらも，夫に300万円の慰謝料の支払を命じている。

4　婚姻破綻に至る個別的有責行為認定の厳格化

　しかし，近年の裁判実務においては，個別的有責行為を厳格に解する傾向がみられる。

　暴力，虐待，不貞行為等の個別具体的な有責行為がない場合には，離婚慰謝料を認めない判例が増えている。

　［**裁判例57**］は，婚姻破綻の責任について，妻の浪費，夫の経済的虐待，素行の悪さ，不貞行為のいずれも認めず，婚姻破綻の責任は夫のみ，妻のみにあるとはいえないとして，夫，妻いずれの慰謝料請求も棄却している。

第6　離婚慰謝料の損害の内容

(1)　離婚慰謝料の損害の内容は，理論的には，

　　①　離婚原因行為による精神的損害

　　②　婚姻破綻による精神的損害

　　③　法的離婚による精神的損害

の3つに区分することができる。

(2)　このうち，③の法的離婚による精神的損害については，これを認める
かどうかは，説が分かれる。

　　これまでの実務の通説では，前出の松原説のように，①離婚へと発展
させられたことによる精神的苦痛，②離婚という結果自体から受ける精
神的苦痛の損害賠償を認めるものが多かった。

　　しかし，平成19年4月17日の広島高裁判決（[**裁判例60**]の控訴審判決）
は，「完全に形骸化した婚姻関係を法的に解消したことによって被る新
たな精神的損害」が生じたとは認められないとして，後訴の離婚慰謝料
請求を棄却している。

　　このように，実務においても，婚姻破綻による精神的損害に加えて，
法的離婚による精神的損害を認めない傾向が強くなってきていると思わ
れる。

　　学説では，法的離婚による精神的損害を認めない説がむしろ多数説で
あろう。

　　犬伏由子は，上記平成19年の広島高裁判決の解説の中で，「判例のい
う『離婚による精神的苦痛』の内容は必ずしも明らかではなく，独立し
た意味を有するかも疑問である。むしろ当事者は婚姻の破綻によってす
でに精神的苦痛を感じているのであり，離婚にまつわる精神的苦痛自体
は離婚が法的に認められている以上損害賠償における法的保護には値し
ないともいえる。」と述べる（「速報判例解説　NO.3　民法（家族法）」（法
学セミナー増刊）86頁）。

　　夫が離婚請求をしている事案の場合には，法的離婚により，妻は婚姻
費用を得られなくなることや，離婚により社会的悪影響を受けること等

を妻が苦痛と感じることはある。逆に，妻が離婚請求をしている事案の場合には，法的離婚により，夫は子の親権者が妻と指定され，子との精神的紐帯が失われると感じること等を苦痛と思うことはある。

このような苦痛を法的保護に値する損害と見るかどうかは，時代により変化してきており，上記の犬伏説のような考え方が主流となってきていると言えるだろう。

第7　離婚慰謝料請求権等の消滅時効

1　民法724条の消滅時効の起算点

離婚自体慰謝料，離婚原因慰謝料，不貞行為慰謝料は，いずれも不法行為による損害賠償請求である。

不法行為による損害賠償請求権は，「被害者又はその法定代理人が損害及び加害者を知った時から３年間行使しないとき」に時効によって消滅する（民法724条）。

この消滅時効の起算点について，「被害者が損害を知ったとき」とはどの時点をいうのかが問題となる。

2　離婚慰謝料請求権の消滅時効の起算点

離婚慰謝料請求権の消滅時効の起算点については，判例は，離婚自体慰謝料について，離婚成立時としている（[**裁判例49**]の最高裁昭和46年7月23日判決）。

また，離婚原因慰謝料については，不法行為時としている。

3　不貞慰謝料請求権の消滅時効の起算点

(1)　不貞相手に対する不貞慰謝料の消滅時効について，最高裁平成6年1月20日判決（[**裁判例65**]の上告審判決）は，原告の配偶者が不貞行為を知ったときから，それまでの間の慰謝料請求権について進行すると解している。

これに対して，不貞配偶者と不貞の相手方との間の同棲関係をいわゆ

る継続的不法行為ととらえ，不貞行為による慰謝料請求権の消滅時効の
起算点については，侵害行為と評価されるものが客観的にやんだ時から
進行すると解する説もある（中川淳「判例批評」私法判例リマークス12号
75頁）。東京高裁平成2年12月20日判決（[**裁判例65**]の控訴審判決）は，
この考えをとっている。

(2)　上記最高裁の見解によれば，原告配偶者が不貞行為を知った後も不貞
行為が継続している場合には，その分の慰謝料請求権は，日々消滅時効
にかかることになる。慰謝料請求権をこのように理論的に区分すること
は技巧的にすぎ，むしろ上記中川説の方が適切ではないかと考える。

　　また，[**裁判例67**]の最高裁平成8年3月26日判決によれば，婚姻関
係破綻後の不貞行為は，慰謝料請求の対象とならない。

　　そうすると，不貞慰謝料請求権の消滅時効は，婚姻破綻前の不貞行為
を知ったときから3年の時効にかかり，例えば，不貞行為を知ってから
3年して婚姻破綻した場合には，不貞慰謝料請求権は消滅時効にかかる
ことになってしまい，その結果が妥当かも疑問である。

第8　離婚慰謝料の遅延損害金の起算日

(1)　離婚慰謝料の遅延損害金の起算日について，大津の調査結果（昭和48
年から昭和53年6月までの間の離婚判決）によれば，訴状送達の日の翌日
としたものが49％，判決確定日の翌日としたものが8％，請求なしが
40％となっている（大津231頁）。

　　また，東京高裁平成10年3月18日判決（[**裁判例53**]の控訴審判決）は，
遅延損害金の起算日を反訴状送達の日の翌日としており，[**裁判例58**]
の仙台地裁平成13年3月22日判決は，破綻後の日としている。

(2)　しかし，離婚慰謝料の遅延損害金の起算日は，現在では離婚成立の翌
日とするものが多数となっており（東京家庭裁判所家事第6部編著『東京
家庭裁判所における人事訴訟の審理の実情（第3版）』18頁（判例タイムズ社，
2012），広島高裁岡山支部平成16年6月18日判決（[**裁判例59**]の控訴審判決）），
これが定説となったと言っていいだろう。

参考裁判例

№ 1 ～13　婚姻破綻

1　民法770条１項５号の意味

【控訴審】　大阪高裁昭和32年10月31日判決

【上告審】　最高裁昭和33年12月25日判決（昭和33年(オ)144号）（家月11巻３号105頁）

事　案

　Y（妻：被告，控訴人，上告人）は，昭和25年２月に３人の子を連れて実家に帰った。

　X（夫：原告，被控訴人，被上告人）は，離婚調停の申立てをなし，同調停で，長男が就職したら，協議離婚する旨の調停が成立した。

　Yは協議離婚に応じなかったので，Xは本件離婚訴訟を提起した。

判　旨

1　一審は，Xの請求を認容した。

2　控訴審も，Yの控訴を棄却した。

3　上告審は，以下のように述べて，Yの上告を棄却した。

　「民法770条５号にいわゆる『その他婚姻を継続し難い重大な事由』とは，同条１，２号のように必ずしも夫婦の一方の責に帰すべき事由であることを要しない。従つて，夫婦いずれの責にも帰すべからざる場合，又は，夫婦双方の責に帰すべき場合もまたこれに包含されること勿論であつて，原判決には所論の違法は認められない。それ故，論旨は採るを得ない。」

キーポイント

　民法770条１項５号の「婚姻を継続し難い重大な事由」とは，夫婦の一方の責に帰すべき事由であることを要しないと判示した最高裁判決として意義がある。

2　別居8年の夫婦につき夫からの離婚請求を棄却した事案

【一　　審】　横浜地裁判決（昭和54年(タ)132号）
【控訴審】　東京高裁昭和58年6月30日判決（昭和57年(ネ)1209号）（判タ
　　　　　　509号221頁）

事　　案

　X（夫：原告，控訴人）とY（妻：被告，被控訴人）は，昭和48年2月
に結婚式を挙げ，同年3月に婚姻届出をした。

　Yは，言語治療士として共働きをしていたが，Xは，ほとんど家事を手伝
うことはなかった。

　Yは，仕事と家事の両立が困難と考え，昭和50年3月に勤務先を退職した。

　昭和50年3月に，XとYは，Xの母に対する対応で口論となり，Xは，
離婚を決意して，自宅の1階と2階に寝所を別にした。

　Xは，昭和50年5月20日に自宅を出て，Yと別居した。

　その後の昭和50年11月に長女が生まれた。

　XはYに対し，民法770条1項5号に基づき本件離婚請求訴訟を提起した。

判　　旨

1　一審は，Xの請求を棄却した。

2　控訴審も，以下のように述べて，Xの控訴を棄却した。

　「当事者双方に，いま一歩の人間的成熟があつたならば，特に，Xに，
婚姻の本義を見失わず，嫁と姑の間に立つ夫としての心くばりを忘れない
態度があつたならば，今日の事態は避けられたものというべく，現在でも，
双方がこの点に思いを致し，真剣に修復の途を求めるならば，破綻に瀕し
ているかに見える夫婦間の信頼関係を回復することも，決して不可能とは
いえない。Yが，仕事と家庭の両立をあきらめ家庭第一の生活をするため
に医療センターを退職し（Yが現在会社に勤めているのはさしあたりの生
活費を得るためであること前示のとおりであり，弁論の全趣旨によれば，
Xとの別居が解消されればYは会社をやめ主婦業に専念するものと認めら
れる。），Xの気持に対する思いやりに欠けるところがあつたことを反省す
るとともに，ひたすらXがYに対する愛情を取り戻すことを願い，暖かい

家庭を築きたいと念じつつ，折にふれて父親を求める長女とともにXの帰りを待つていることは前述したとおりであり，Xさえ真剣にやり直す気持になつてYと長女の許に戻つてくれば，かつてのようにYが仕事に追われて精神的余裕を失い，生活に潤いがないということはなくなり，長女を囲んでの円満な夫婦，親子の共同生活が可能になるものと思われ，Xに対してそれを期待することは，決して不可能を強いるものとは思われない。

　以上によれば，XとYの婚姻関係は，客観的にはいまだ完全には破綻していないものといわなければならない。すなわち，民法770条1項5号所定の『婚姻を継続し難い重大な事由』があるとのXの主張は採用しえない。」

キーポイント

1　別居後8年を経過している夫婦について，夫さえやり直す気持ちになって妻と長女の許に戻ってくれば円満な夫婦生活は可能であるとして，婚姻関係は，いまだ完全には破綻していないとして，夫からの離婚請求を棄却した高裁判決である。
2　同居期間2年強，別居期間8年で，夫からの離婚請求を棄却した判決は，まれであると思われるが，高裁は，別居後に生まれた長女の存在を強く考慮していると思われる。

3　難病の妻に対する離婚請求を棄却した事案

【一　審】　津地裁四日市支部平成２年４月23日判決（昭和62年(タ)21号）（家月44巻11号74頁・判時1398号76頁）
【控訴審】　名古屋高裁平成３年５月30日判決（平成２年(ネ)267号）（家月44巻11号71頁・判時1398号75頁）

事　案

Ｘ（夫：原告，被控訴人）とＹ（妻：被告，控訴人）は，昭和47年に婚姻し，両者間には，長男（昭和50年生）と長女（昭和53年生）がいる。

Ｙは，昭和62年２月に，脊髄小脳変性症と診断され，同年３月から入院している。

この病気は国の難病に指定されており，Ｙは，歩行や階段の昇降に困難を覚え，言語障害もある。

Ｘは，Ｙの入院後１回面会にきたきりで，子供に対してＹとの面会を禁止している。

ＸはＹに対し，民法770条１項５号に基づき本件離婚請求訴訟を提起した。

判　旨

1　一審は，以下のように述べて，Ｘの請求を認容した。

「右事実によれば，今後，ＸＹが夫婦として暮らして行くとは困難であると認められ，したがって，ＸＹ間の婚姻を継続し難い重大な事由があるものといわざるをえない。

なるほど，妻が難病に罹患した場合に，夫が献身的に妻の介護にあたり，夫婦のきずなを保ち続けるという事例もあることは公知の事実であるが，このような行為は美談として称賛されるものではあっても法的にこれを強制することまではできず，また，Ｘは，昭和62年６月初めに見舞った後は，Ｙの見舞いにも行かず，入院雑費も負担しておらず，これが夫婦の関係を疎遠なものにした一因ではあるが，これが婚姻関係の破綻の主たる原因であるともいえない。

そうすると，Ｘの離婚請求は理由がある。」

2　控訴審は，以下のように述べて，原判決を取り消し，Ｘの請求を棄却し

た。

「ＸとＹとの婚姻生活における障害は，Ｙが本症に罹患したという１点にあるところ，なるほど，Ｙの現在の症状に照らせば，Ｙは家事をこなす能力に欠けており，周囲の者の理解ある援助がなければ，日常生活さえ支障をきたす状態にあるが，一方，知能障害は認められないから，夫婦間あるいは親子間における精神的交流は可能であり，子供との同居を願い，婚姻生活の継続を希望するＹの意思を考慮すると，本症に罹患し，日常生活の役に立たなくなったからという理由だけで，Ｙを妻の座から去らせようとし，しかも，入院はさせたものの，国の援助に頼るのみで，看病はおろか，入院生活の援助もせずに放置し，将来に亘る誠意ある支援態勢を示さず，Ｙの希望する子供との交流さえ拒む，Ｘの態度のみによって，婚姻が回復しがたいほど破綻していると認めることはできない。また，Ｘの現在における症状からすれば，本症が，民法770条１項４号に定める，強度の精神病にも比肩しうる程度の疾患であるということもできない。」

キーポイント

1　妻が難病に罹患したことが５号所定の事由となるかについて，一審と控訴審の結論が異なった事案である。

2　控訴審は，夫の妻に対する冷淡な態度，対応をかなり考慮しており，婚姻破綻の認定について，夫の有責的態度を斟酌しているともいえる。

3　控訴審判決は，民法770条１項４号に基づく離婚請求の場合，病者の療養，生活についてできる限りの具体的方途を講じ，ある程度において前途にその方途の見込みがついた上でなければ離婚の請求は許されないとする判例（最高裁昭和33年７月25日判決）を念頭に置いたようにも思える。

4　妻からの離婚請求を民法770条2項を適用して棄却した事案

名古屋地裁岡崎支部平成3年9月20日判決（平成元年㈠13号）（判時1409号97頁）

事　案

X（妻：原告）とY（夫：被告）は，昭和35年4月に婚姻し，長男及び長女をもうけた。

Yは，自動車整備事業を興し，不動産等の財産を作った。

Xは，昭和63年8月に口論をきっかけに家を出て，長男の家に同居しYと別居した。

XはYに対し，民法770条1項5号に基づき本件離婚請求訴訟を提起した。

判　旨

裁判所は，以下のように述べて，Xの請求を棄却した。

「現在XとYとの婚姻関係はこれを継続することが困難な事情にあるが，なおYは本件離婚に反対しており，Xに帰ってきてほしい旨懇願しているのであって，XとYは子供達がそれぞれ独立した現在老後を迎えるべく転換期にきていると言えるところ，Yが前記反省すべき点を充分反省すれば，いまなおXとの婚姻生活の継続は可能と考えられるから，XとY，殊にYに対して最後の機会を与え，2人して何処を探しても見つからなかった青い鳥を身近に探すべく，じっくり腰を据えて真剣に気長に話し合うよう，一切の事情を考慮して婚姻の継続を相当と認め（民法第770条第2項参照），本訴離婚の請求を棄却する次第である。」

キーポイント

1　妻から夫に対する民法770条1項5号に基づく離婚請求に対して，夫が反省すべき点を反省すれば，婚姻生活の継続は可能であるとして，民法770条2項を適用して，離婚請求を棄却した判決である。

2　民法770条1項5号に基づく離婚請求について，婚姻破綻の有無，

婚姻の修復可能性については直接言及せず，同条 2 項を適用した判例は極めて珍しい。

5　妻の宗教活動を理由とする夫からの離婚請求が棄却された事案

....

東京地裁平成5年9月17日判決（平成4年㈪147号）（判タ872号273頁）

事　案

　X（夫：原告）とY（妻：被告）は，昭和58年に婚姻し，Xの両親と同居し，長女（昭和60年生）と長男（昭和61年生）をもうけた。

　Yは，昭和63年夏ころ，エホバの証人の信者と聖書研究会を始め，平成2年夏ころからその集会に参加してその信者となった。

　Yの信仰が原因でYとX，Xの父Aとの間で争いが続き，平成3年11月に，Yは家を出て自宅近くのA所有アパートに移り，Xと別居した。そして，子供達はX及びXの両親が養育監護している。

　XはYに対し，民法770条1項5号に基づき本件離婚請求訴訟を提起した。

判　旨

　裁判所は，以下のように述べて，Xの請求を棄却した。

　「Yの信仰・宗教活動が原因で，XYの夫婦関係にはかなり深刻な亀裂が生じているし，Xは，Yに対する愛情・信頼を失い，離婚意思がかなり固いといえる。そしてまた，信仰の自由は，夫婦間においても尊重されるべきはもちろんであるが，夫婦として共同生活を営む以上，おのずから限度があり，互いに協力して円満な夫婦関係・家庭生活を築くため，相手方の意思や立場も十分に尊重しなければならないというべきところ，Yの平成3年8月以降の宗教活動には，夫であるXの意思や立場を軽視ないし無視したものと非難されてもやむを得ない面があり，それゆえにこそXがYに対する信頼を失った面があるといえる。

　しかし，Yの信仰・宗教活動は，同年4月に，Aが何が何でも止めるようにと感情的かつ強硬に要求するまでは，夫婦関係や家庭生活に特に障害となる程のものではなかったのであり，AやXが，もう少し，Yの信仰に対し寛容な気持ちを持って，冷静にYとの話合いを続けていたならば，かなり違った展開になっていたのではないかとうかがえる。また，Yの同年8月以降の宗教活動についてみても，同居期間中のものは，それ自体はそれ程激しいも

のではなく，前記のとおりＸの意思や立場に対する配慮に欠けていた面があるのも，それまでのＡやＸの強硬かつ執拗な態度が影響しているといわざるを得ない。

　しかも，ＸにしてもＡにしても，Ｙの信仰が工務店の経営に支障があることを重視しているようであるが，実際にそのような支障が生じたわけではなく，将来の抽象的可能性であるにとどまるから，その点を冷静かつ現実的に考え直せば，Ｙの信仰に対して，もう少し違った見方ができるはずである。

　そして，別居生活は未だ２年に満たず，ＹはＸとの夫婦共同生活の復活を希望していること，幼い子供に対してＸＹ双方が愛情を注いでいるところ，子供のためをも考えて今一度冷静に話し合う余地があり，またそうすべきであること，ＸがＹの信仰についてもう少し寛容になり，Ｙが円満な夫婦関係・家庭生活を築くため自己の信仰・宗教活動を自制するならば，やり直しの可能性もあること，等々の諸事情を総合考慮すると，ＸＹの婚姻関係は，未だ完全に破綻するには至っておらず，やり直しができる可能性が残されているというべきである。」

キーポイント

　妻の宗教活動が原因で不和に陥った夫婦について，別居期間が２年に満たず，幼い子供がいること等から，やり直しの可能性があるとして，婚姻関係の破綻を認めなかった判決である。

6 暴力・暴言を行った夫からの離婚請求

東京地裁平成10年1月30日判決（平成8年(タ)403号）（判タ1015号232頁）

事　案

X（夫，昭和36年生：原告）とY（妻，昭和40年生：被告）は，平成3年8月に婚姻し，平成5年7月に長女が生まれた。

平成6年7月に，XはYに対し，暴力を振るい，暴言をはいた。そのため，Yは，危険を避けるために，長女を連れて実家に帰り，以後Xと別居している。

そして，Yは，Xからの毎月15万円の婚姻費用（平成7年8月審判により命じられた）と父母からの援助で，実家で生活している。

XはYに対し，民法770条1項5号に基づき本件離婚請求訴訟を提起した。

判　旨

裁判所は，XがYに対し，暴力を振るい暴言を吐いたこと，YはいまだXとの婚姻生活を修復できるのではないかとの気持ちを捨て難く，離婚に応ずる確定的な意思を持つに至っていないと認定した上で，以下のように述べ，Xの請求を棄却した。

「XとYは平成6年7月9日以降Yが自宅を出ることにより別居状態を継続してはいるが，Yが右別居を決意したのは，Xの暴行によって自己及び長女が被ることあるべき危難を避けるためのものであって，Yは，現在も，Xとの婚姻生活を修復することができるのではないかとの気持を捨てておらず，離婚に応ずる確定的な意思を持つに至っていないというものである。

なるほど，右一連の事実関係によれば，別居に至るまでのX，Yの婚姻関係はかなり不安定な状態にあったことを否定することができないが，そのような状態に陥ったことの主たる原因は，それまでのXの，配偶者の気持を何ら顧慮せず，自己の感情を抑えることをしない独善的な態度にあることが明らかであって，Xが以後このような態度を真しに反省し，Yとの融和を図る積極的な努力をするようになれば，Yとの婚姻関係はなお修復の可能性があるものと考えられる。

そうすると，本件においては，いまだ，婚姻を継続し難い重大な事由があ

ると認めることはできないものというべきである。」

キーポイント

1　妻に対する暴力，暴言を行った夫からの離婚請求を，婚姻関係はなお修復の可能性があるとして，棄却した判決である。
2　本判決では，夫を有責配偶者とは認定していないが，実質上夫を有責配偶者と見て，夫からの離婚請求を棄却したと思われる。

7　妻からの離婚請求を棄却した事案

【一　審】　横浜地裁相模原支部平成11年7月30日判決（平成9年⒯36号）（判時1708号142頁）

【控訴審】　東京高裁平成13年1月18日判決（平成11年⒩4495号）（判タ1060号240頁）

【上告審】　最高裁平成13年7月19日決定（平成13年⒪624号等）

事　案

　X（妻，昭和10年生：原告，被控訴人，上告人）とY（夫，昭和10年生：被告，控訴人，被上告人）は，昭和35年に婚姻した。両者間には，長女（昭和36年生）及び長男（昭和42年生）がいる。

　Yは，会社の仕事に全力を尽くし，Xは専業主婦であった。

　Xは，変形性股関節症に罹患し，平成4年6月ころから，居間にソファーベッドを置いて寝るようになり，同年12月には2階からベッドを持ってきて就寝するようになった。

　Yは，平成7年に会社を定年退職し，年金生活に入った。

　平成8年8月から，Xは2階で，Yは1階で別々に生活するようになった。

　Xは，平成9年6月に，離婚調停の申立てをし，同年10月に自宅を出て，Yと別居した。

　Xは，平成9年11月に，Yに対し，民法770条1項5号に基づき本件離婚等請求訴訟を提起した。

判　旨

1　一審は，以下のように述べて，Xの離婚請求を認容した。

　「Yは，自分は会社の仕事に全力を注ぐから，妻であるXは家庭でそれを支えるべきである，これは普通の考えであるとしてXに接し，これに応じたXの行動を求めてきたものであるところ，Xはその様な考えを当然と受け入れることができず，Yの右考えに基づく行動に同調できず，特に幾度となく入院手術を受けることで体力が衰え，障害を抱えた身体では家事を十分にこなすこともできないと思うようになり，また，そのようなXの状態に十分な配慮をしてくれないYと共に暮らしていく意思を失っていっ

てしまったものである。これは，夫であるＹが定年退職したことによる一時的なものではない。Ｙが平成７年に退職する前の，長男が結婚して独立した平成４年から家庭内別居が始まっているのである。その家庭内別居が始まってから７年，Ｘが自宅を出て別居してから２年近くが経過している。その間には家庭裁判所での調停もあった。しかしながら，離婚を求めているＸはもちろんのこと，これに反対しているＹも夫婦関係を修復するための行動を取ろうとしてこなかった。

　以上によれば，現時点において，ＸはＹとの婚姻継続意思を完全に喪失しているといわざるを得ず，今後夫婦関係が修復する見込みはなく，もはやＸとＹとの婚姻を継続しがたい事情があるというほかない。」

2　控訴審は，以下のように述べて，Ｘの請求を棄却した。

　「ＸとＹの長年にわたる婚姻生活にかかる前記の事情を見ても，Ｙには，Ｘの立場を思いやるという心遣いに欠ける面があったことは否定できないものの，格別に婚姻関係を破綻させるような行為があったわけではない。ＸとＹの関係が通常の夫婦と著しく異なっているわけでもない。そして，ＸとＹは現在別居状態にあるものの，これもＸが長女と共に自宅を出たために生じたものであり，Ｘが一方的にＹとの同居生活を拒否しているというべきものである。

　なるほど，ＸとＹは，平成９年10月11日以降，別居状態にあり，Ｘと長女との確執もあって，このまま推移すると，ＸとＹの婚姻関係が破綻に至る可能性がないではない。しかし，Ｙは，ＸとＹの年齢やＸの身体的条件等をも考慮すると，離婚という道はさけるべきであるとして，Ｘとの婚姻関係の継続を強く望んでいる。また，長男も，前記のとおり，ＸとＹの婚姻関係の継続を望んでいる。そして，長女とＹとの間には確執があって，長女の意向がＸの意向に強く関わっていることが窺われるが，長女に今後自立した人生を歩ませるという観点からも現状は好ましいものではない。

　右のような諸事情を総合考慮すると，ＸとＹが平成９年10月以降別居状態にあり，Ｘの離婚の意向が強いことを考慮しても，現段階で，ＸとＹの婚姻関係が完全に破綻しているとまで認めるのは相当でないというべきである。」

3　上告審は，Ｘの上告を棄却した。

キーポイント

1　同居期間37年，別居期間３年足らずで，夫に特に有責行為がない夫婦について，婚姻の破綻を認めず，妻からの離婚請求を棄却した高裁判決である。
2　一審は，家庭内別居７年と認定したが，控訴審は家庭内別居については，これを別居とは認定していない。
3　本件は，比較的よくある夫の定年後の妻からの離婚請求の事案であり，婚姻破綻又は修復の可能性について，一審と控訴審で認定が異なったことが注目に値する。

8 夫の離婚請求を棄却した事案

．．
【一　審】　名古屋家裁岡崎支部平成19年3月14日判決（平成18年(家ホ)
　　　　　　5号）（家月61巻2号251頁）
【控訴審】　名古屋高裁平成20年4月8日判決（平成19年(ネ)375号・1082
　　　　　　号）（家月61巻2号240頁）

事　案

　X（夫：原告，被控訴人）とY（妻：被告，控訴人）は，平成14年に婚
姻し，同年長男が生まれた。

　Xは，平成16年にYと別居し，離婚調停の申立てをなした。

　XはYに対し，民法770条1項5号に基づき本件離婚請求訴訟を提起した。

判　旨

1　一審は，以下のように述べて，Xの離婚請求を認容した。

　「現在では，XとYの別居期間は既に約2年半を超え，ほとんど交流も
ない。Yには，Xとの関係修復への強い思いがあるものの，その陳述書
（略）や本人尋問においては，その多くがXの母との確執について触れる
もので，またXの無理解を指摘してもおり，結局のところ，今後のXとの
関係改善については，Xの変化を期待するに過ぎないものである。ところ
で，別居当時のYの言動はうつ病の強い影響を受けていたものと考えられ，
Yの責任とはいえないが，Xとしては，それによってすっかり関係修復の
意欲を失っており，そのこと自体はやむを得ないといえる。このような状
態に至った原因としては，Xの母の言動と，Yへの配慮に不足していたX
にあることは否定できないが，他方で，過剰に『良い嫁，かわいい嫁』
（Y本人）を意識したYにも相応の原因があるものと考えられる。Xの対
応が遅れたうらみはあるものの，Yがうつ病となったことについては，X
にのみ責任があるというべき証拠はない。したがって，XとYとの婚姻関
係は既に破綻しており，婚姻関係を継続しがたい重大な事由（民法770条
1項5号）があり，他方，Xに離婚請求が許されないほどの有責性がある
ともいえないから，Xの離婚請求は認められる。」

2　控訴審は，以下のように述べて，原判決を取り消し，Xの離婚請求を棄

却した。

　「ＹとＸの交流は平成17年×月ころからほとんどない状態となり，Ｙは，平成19年×月には，長男と共にＹの実家近くのマンションに転居するなど，ＹとＸの婚姻関係は破綻に瀕しているとはいえるが，Ｙは，現在も婚姻関係を修復したいという真摯でそれなりの理由のある気持ちを有していること，ＹとＸは平成12年秋ごろから平成16年×月までの３年余りの期間同居しており，同居期間中少なくともＸは，Ｙに対し大きな不満を抱くこともなく円満に婚姻生活を営んでいたのであるから，今後Ｙのうつ病が治癒し，あるいはＹの病状についてのＸの理解が深まれば，ＹとＸの婚姻関係が改善することも期待できるところである。以上の諸事情を考慮すれば，ＹとＸとの婚姻関係は，現時点ではいまだ破綻しているとまではいえない。」

キーポイント

1　同居期間３年余り，別居期間３年３か月（控訴審口頭弁論終結時）の夫婦の場合で，修復の可能性について，一審と控訴審で結論が異なった事案である。

2　このように，婚姻破綻，修復の可能性の認定は，困難を伴うということであろう。

9 別居期間 1 年余りの夫の離婚請求を認容した事案

【一　審】 神戸家裁平成20年12月24日判決（平成20年(家ホ)97号）（家
月62巻 4 号96頁）

【控訴審】 大阪高裁平成21年 5 月26日判決（平成21年(ネ)80号）（家月62
巻 4 号85頁）

事　案

X（夫，昭和 2 年生：原告，控訴人）は，先妻Dと婚姻し，両者間に，長
男Eのほか 2 人の娘が生まれた。

Xは，昭和55年頃，Xが経営することになった飲食店（バー）の差配を
任せられる人がいるとYを紹介され，その後 2 人は交際するようになり，2
人の間に，昭和59年に長女Cが生まれた。

先妻Dは，昭和64年に死亡した。

XとY（妻，昭和25年生：被告，被控訴人）は，平成 2 年に婚姻した。

Xは，平成20年に家を出て，以後Yと別居している。

XはYに対し，平成20年に，民法770条 1 項 5 号に基づき本件離婚請求
訴訟を提起した。

判　旨

1　一審は，以下のように述べて，Xの離婚請求を棄却した。

「ＸＹ間の別居生活は 1 年にも満たないこと，別居直後にＸが自宅を訪
れた際にＹは落ち着いた態度でＸに接していたことなどを考慮すると，Ｙ
において多少は反省すべき点があることは否定できないとしても，ＸＹ間
に婚姻を継続し難い重大な事由が認められるとはいえない。」

2　控訴審は，以下のように述べて，原判決を取り消し，Xの離婚請求を認
容した。

「Ｘ，Ｙの結婚生活は，夫婦破綻を来すような大きな波風の立たないま
ま約18年間の経過をみてきたのに，Ｘによる今時の別居生活が，平成19年
から始まったＹの一連の言動が主な理由であるため，双方の年齢，家族関
係，婚姻期間等だけをとりあげて論ずれば，いまだ十分に婚姻関係が修復
できる余地があるとの見方も成り立ち得ないではない。

　しかし，YのXの親戚縁者と融和を欠く忌避的態度はさて措き，齢80歳に達したXが病気がちとなり，かつてのような生活力を失って生活費を減じたのと時期を合わせるごとく始まったXを軽んじる行為，長年仏壇に祀っていた先妻の位牌を取り除いて親戚に送り付け，Xの青春時代からのかけがえない想い出の品を焼却処分するなどという自制の薄れた行為は，当てつけというには，余りにもXの人生に対する配慮を欠いた行為であって，これら一連の行動が，Xの人生でも大きな屈辱的出来事として，その心情を深く傷つけるものであったことは疑う余地がない。しかるに，Yはいまなお，これらの斟酌のない専断について，自己の正当な所以を縷々述べて憚らないが，その理由とするところは到底常識にかなわぬ一方的な強弁にすぎず，原審における供述を通じて，Xが受けた精神的打撃を理解しようという姿勢に欠け，今後，Xとの関係の修復ひとつにしても真摯に語ろうともしないことからすれば，XとYとの婚姻関係は，Xが婚姻関係を継続していくための基盤であるYに対する信頼関係を回復できない程度に失わしめ，修復困難な状態に至っていると言わざる得ない。」

　「したがって，別居期間が1年余であることなどを考慮しても，XとYとの間には婚姻を継続し難い重大な事由があると認められる。」

キーポイント

1　別居期間1年余りの夫婦の場合で，5号所定の事由の有無について，一審と控訴審で結論が異なった事案である。
2　控訴審は，妻の信頼関係を失わせる行為を重視して，別居期間が1年余りであっても，離婚請求を認めたものである。
　控訴審は，夫が80歳の高齢であることを重視していると思われる。

10　2年半以上の別居状態でも婚姻破綻とは認められなかった事案

東京地裁平成27年2月3日判決（平成25年㈦21488号）（判時2272号88頁）

事　案

　X（妻）とA（夫）は，昭和49年に婚姻し，両者間には長女，長男が生まれた。Aは，平成19年1月半ば頃から自宅マンションに帰宅せず，Xと別居した。平成19年4月には，Aの父とYとの養子縁組（本件養子縁組）がなされた。

　Aは，遅くとも平成23年3月頃から，交際していた女性Yと同居している。

　Xは，平成24年7月に，A所有の自宅マンションについて，財産分与請求権を被保全権利とする不動産仮差押決定を得た。

　Xは，Aに対し，平成24年8月に，婚姻費用分担の審判申立て，同年11月に夫婦関係調整の調停申立てをした。

　Xは，Aに対し，平成25年10月に離婚等請求訴訟を提起した。

　また，Xは，Yに対し，不貞行為に基づく慰謝料を請求する本件訴訟を提起した。

判　旨

　裁判所は，AとYが遅くとも平成21年10月に不貞関係に入ったと認定し，不貞行為の時点で，XとAとの婚姻関係が破綻していたかどうかが争点となったが，裁判所は以下のように述べて，Xの請求を認容した。

　「平成21年10月当時，XとAとは2年半以上にわたり別居状態にあったものの，AからXに対する生活費の給付は継続して行われ，いずれの当事者も婚姻関係を解消するための手続をとっていなかったのであるから，もはや両者の関係回復が全く見込めない状態に至っていたものとまでは認めることができない。

　他方，上記前提事実によれば，Xは，平成24年7月に財産分与請求権を被保全債権として自宅マンションの仮差押えの手続を開始しているところ，Xは，同年5月に戸籍及び不動産登記記録を調査した結果，本件養子縁組やY

によるＡの父宅の相続の事実を知り，離婚を決意した旨主張している。Ｘの提供した情報に基づくＡについての一連の週刊誌の各記事も，同年７月以降に掲載されたものである。これらの点に照らすと，ＸとＡの婚姻関係は，平成24年５月頃から７月頃にかけて，完全に破綻したものと認めることができる。」

キーポイント

1　離婚原因としての婚姻破綻と，不法行為に基づく損害賠償請求を阻却する事実としての婚姻破綻が同じと考えるかについても，争いはあろう。

2　不貞相手に対する配偶者の不貞慰謝料請求においては，被告の婚姻破綻後の不貞行為の抗弁は，認められないことが多い。

　この場合，本判決のように，不動産の仮差押手続や離婚調停の申立て等の法的手続の開始により，婚姻破綻を認めることが多いと思われる。

11 別居期間4年10か月の妻からの離婚請求を認容した事案

【一　審】　東京家裁立川支部平成27年1月20日判決（平成25年(家ホ)
235号）（判タ1432号99頁）

【控訴審】　東京高裁平成28年5月25日判決（平成27年(ネ)1064号）（判タ
1432号97頁）

事　案

　X（妻：原告，被控訴人）とY（夫：被告，控訴人）は，平成14年に婚
姻し，同年長男が生まれた。

　XとYは，遅くとも平成18年頃から言い争うことが増え，Xは，Yの帰
宅時間が近づくと息苦しくなるようになり，平成23年頃から神経科を受診
し始めた。

　Xは，平成23年に長男を連れて自宅を出て，Yと別居した。

　Xは，Yに対し，離婚等を求める訴訟を提起した。

判　旨

1　一審は，以下のように述べて，Xの請求を棄却した。

　「現在Yは，Xとの修復を強く望み，従前の言動を真摯に反省し，全般
性不安障害の理解のための努力も重ね，今後もXの治療を優先に（夫婦カ
ウンセリングも視野に入れている），段階を踏んだ時間をかけての関係改
善を考えている。また，Xの，全般性不安障害の原因は，Xの生育歴や思
考パターンによる部分も大きいものと考えられる。さらに，Yは，長男誕
生時からその養育に関わり，現在もYと長男の関係が良好に保たれている
うえ，XとYの同居期間が約10年であるのに対して別居期間は約3年5か
月と短い。

　以上を総合考慮すると，XとYとの婚姻関係は，Xの治療を優先に進め
ながらではあるが，XとYが相互理解の努力を真摯に続け，長男も含めた
家族のあり方を熟慮することにより，未だ修復の可能性がないとはいえず，
婚姻を継続し難い重大な事由があるとまでは認められない（略）。」

2　控訴審は，以下のように述べて，原判決を取り消し，Xの請求を認容し
た。また，子の親権者はYに指定した。

「本件別居の期間は，現在まで4年10か月間余りと長期にわたっており，本件別居についてYに一方的な責任があることを認めるに足りる的確な証拠はないものの，上記のとおりの別居期間の長さは，それ自体として，XとYとの婚姻関係の破綻を基礎づける事情といえる。

また，前記認定事実のとおり，Xは，本件別居後，一貫してYとの離婚を求め続けており，原審におけるX本人尋問においても離婚を求める意思を明らかにした。

他方，Yは，原審におけるY本人尋問において，Xとの関係修復の努力をするとの趣旨の供述をしたが，本件別居後，Yが，婚姻関係の修復に向けた具体的な行動ないし努力をした形跡はうかがわれず，かえって，前記認定事実のとおり，別件婚費分担審判により命じられた婚姻費用分担金の支払を十分にしないなど，Yが婚姻関係の修復に向けた意思を有していることに疑念を抱かせるような事情を認めることができる。

以上のとおり，別居期間が長期に及んでおり，その間，Yにより修復に向けた具体的な働き掛けがあったことがうかがわれない上，Xの離婚意思は強固であり，Yの修復意思が強いものであるとはいい難いことからすると，XとYとの婚姻関係は，既に破綻しており回復の見込みがないと認めるべきであって，この認定判断を左右する事情を認めるに足りる的確な証拠はない。」

キーポイント

1　婚姻破綻の有無についての認定が，一審と控訴審で異なった事案である。
2　控訴審判決は別居期間が4年10か月余りと長期であることを重視しており，5号所定の事由の有無の認定において，別居期間が非常に重視された事案である。
3　また，控訴審判決が，夫が審判により命じられた婚姻費用分担金の支払を十分にしていないことを，その修復意思に反する事実として評価していることも重要である。

12　別居期間３年５か月の妻からの離婚請求を認容した事案

【一　審】　横浜家裁平成28年12月22日判決（平成27年(家ホ)363号）
【控訴審】　東京高裁平成29年６月28日判決（平成29年(ネ)525号）（家庭の
　　　　　法と裁判14号70頁）

事　案

　X（妻：原告，控訴人）とY（夫：被告，被控訴人）は，平成16年に婚姻した。

　Xは流産を経て，平成18年に長女，平成20年に長男を出産した。

　Xは，平成22年にも流産した。

　Xは，自分で安定的に収入を得たいと考えて，平成24年に看護学校に入学した。

　Xは，平成26年に，夫婦で口論をした後に，長女が「私がいけないんだよね。」と自らを責める発言をするのを聞いて，Yとの婚姻関係がうまく行かないことによる悪影響が子らにまで及んでいると感じ，離婚を決意して，平成26年子らを連れて自宅を出て，Yと別居した。

　Xは，Yに対し，離婚等を求める訴訟を提起した。

判　旨

1　一審は，婚姻期間が約10年であるのに対し別居期間が約３年であること等から，婚姻関係はいまだ修復が不能な程度に破綻したものとは認められないとして，Xの請求を棄却した。

2　控訴審は，以下のように述べて，原判決を取り消し，Xの請求を認容した。

　「Xは，Yが９歳年上で職場の先輩でもあったことから，Yを頼りがいのある夫と認識して婚姻し，一方，Yも，Xを対等なパートナーというよりも，庇護すべき相手と認識しつつも，家事は妻が分担すべきものとの考えでXと婚姻したところ，Xは，流産，長女及び長男の出生，２度目の流産を経験するなかで，Yが家事や育児の辛さに対して共感を示さず，これを分担しないことなどに失望を深め，夫から自立したいという思いを強くしていったこと，これに対し，Yは，Xの心情に思いが至らず，夫が収入

を稼ぐ一方で，妻が家事育児を担うという婚姻当初の役割分担を変更する必要を認めることができずに，ＸとＹの気持ちは大きくすれ違うようになっていたこと，そうした中，Ｘが看護学校に行っていて不在の際に，Ｙが未成年者らを厳しく叱るということなどが続き，ＸはこのままＹとの婚姻関係を継続しても，自らはもとより未成年者らにとっても良くないと離婚を決意するに至り，平成26年×月になって，未成年者らを連れて別居したという経緯が認められ，かかる経緯に加え，別居期間が３年５か月以上に及んでおり，しかも，この間，復縁に向けた具体的な動きが窺えないという事情をも加味すれば，Ｘ・Ｙのいずれかに一方的に非があるというわけではないが，ＸとＹの婚姻関係は既に復縁が不可能なまでに破綻しているといわざるを得ない。」

キーポイント

1　婚姻破綻の有無についての認定が，一審と控訴審で異なった事案である。

2　本件の事案は夫婦の結婚観，子供の教育方針等の違いから別居に至った事案であり，控訴審判決が，同居期間10年，別居期間３年５か月の場合に婚姻破綻を認めた事案として注目に値する。本件の事案は，近時の離婚訴訟で比較的よくあるケースであり，参考となる判決である。

13　同居審判における婚姻破綻の意義

【一　審】　佐賀家裁平成29年3月29日審判（平成28年(家)268号）（判タ
　　　　　1453号125頁）
【抗告審】　福岡高裁平成29年7月14日決定（平成29年(ラ)171号）（判タ
　　　　　1453号121頁）

事　案

　X（夫：申立人，相手方）とY（妻：相手方，抗告人）は，平成21年に
婚姻し，平成24年に長女が生まれた。

　Yは，平成25年長女を連れて家を出て，以後Xと別居している。

　Yは，平成26年，Xに対し，離婚訴訟を提起した。

　一審は離婚を認容したが，控訴審は，離婚請求を棄却した。

　Xは，Yに対し，同居を命じる本件審判の申立てをした。

判　旨

1　一審は，Xの申立てを認め，「Yは，Xが，Y及び長女のみがXと同居
　できる住居を，Yが一般的な方法で通勤できる地域内に定めたときは，そ
　の住居においてXと同居せよ。」との審判を下した。

2　抗告審は，以下のように述べて，原審判を取り消し，Xの申立てを却下
　した。

　　「YとXは夫婦である以上，一般的，抽象的な意味における同居義務を
　負っている（民法752条）。しかしながら，この意味における同居義務があ
　るからといって，婚姻が継続する限り同居を拒み得ないと解するのは相当
　でなく，その具体的な義務の内容（同居の時期，場所，態様等）について
　は，夫婦間で合意ができない場合には家庭裁判所が審判によって同居の当
　否を審理した上で，同居が相当と認められる場合に，個別的，具体的に形
　成されるべきものである。そうであるとすれば，当該事案における具体的
　な事情の下において，同居義務の具体的内容を形成することが不相当と認
　められる場合には，家庭裁判所は，その裁量権に基づき同居義務の具体的
　内容の形成を拒否することができるというべきである。

　　そして，同居義務は，夫婦という共同生活を維持するためのものである

ことからすると，共同生活を営む夫婦間の愛情と信頼関係が失われる等した結果，仮に，同居の審判がされて，同居生活が再開されたとしても，夫婦が互いの人格を傷つけ，又は個人の尊厳を損なうような結果を招来する可能性が高いと認められる場合には，同居を命じるのは相当ではないといえる。

　そして，かかる観点を踏まえれば，夫婦関係の破綻の程度が，離婚原因の程度に至らなくても，同居義務の具体的形成をすることが不相当な場合はあり得ると解される。」

　「本件においては，Yが提起した離婚訴訟において，いまだ婚姻を継続し難い重大な事由があるとまでは認められないとしてYの請求を棄却する判決が平成28年＊月＊日に確定しているものの，控訴審判決は上記の別居期間が，YとXにおいて共に生活を営んでいくのが客観的に困難になるほどの長期に及んだものとはいえないとし，婚姻関係の修復の可能性がないとまではいえないことからYの離婚請求を棄却したにとどまるものであって，YとXの婚姻関係は，上記判決の時点でも既に修復を要するような状態にあったことは，明らかである。そして，控訴審における弁論終結の時点で，婚姻期間中の同居期間が約３年10か月であるのに対し，別居期間は約２年７か月に及んでおり，その後，YのXに対する不信感等は，X自身をストレッサーとして適応障害の症状を呈するほどに高まっている。そうすると，YとXの夫婦関係の破綻の程度は，離婚原因といえる程度に至っていないとしても，同居義務の具体的形成をすることが不相当な程度には至っていたというべきである。」

キーポイント

1　夫婦関係の破綻の程度について，離婚原因となる破綻と，同居義務の具体的形成を不相当とする破綻が異なることを判示した高裁決定である。
2　破綻概念を考える上で参考になる珍しい判決であろう。

参考裁判例

No.14〜47　有責配偶者の離婚請求

14　有責配偶者の夫の離婚請求を棄却した事案

【一　審】　奈良地裁判決（民集 6 巻 2 号117頁）
【控訴審】　大阪高裁昭和24年 7 月 1 日判決（民集 6 巻 2 号119頁）
【上告審】　最高裁昭和27年 2 月19日判決（昭和24年㈲187号）（民集 6 巻
　　　　　　2 号110頁）

事　案

　Ｘ（夫：原告，控訴人，上告人）とＹ（妻：被告，被控訴人，被上告人）
は，昭和12年 8 月に結婚し，昭和18年 3 月に婚姻の届出をした。ＸＹ間に
は子がなかった。

　Ｘは，昭和21年 7 月，Ａと情交関係を結び，Ａが妊娠したため夫婦間の
感情は次第に疎隔した。

　Ｙは昭和22年 3 ， 4 月以来ＸにＡとの関係を絶つことを要求したが，Ｘ
がこれを拒絶したので口論となり，元来嫉妬深く感情が激するままに行動す
る性癖のあるＹは，Ｘに暴言をはいたり，ほうきでたたいたり出刃庖丁をふ
りまわしたり，頭から水をかけたり，靴を便所に投げこんだりした。

　Ｘは同年 4 月中旬Ｙとの同居をきらって家出してＡと同居し，Ｙとの夫婦
関係を解消する意思を表明したので，Ｙは同年 5 月大分県の実家に帰ってい
た。同年 6 月，ＸとＡとの間に男子が生まれた。

　Ｘは，Ｙに対し本件離婚訴訟を提起した。

判　旨

1　一審は，Ｘの請求を棄却した。

2　控訴審も，一審を維持して，Ｘの控訴を棄却した。

3　上告審は，以下のとおり述べて，Ｘの上告を棄却した。

　「論旨では本件は新民法770条 1 項 5 号にいう婚姻関係を継続し難い重大
な事由ある場合に該当するというけれども，原審の認定した事実によれば，
婚姻関係を継続し難いのはＸが妻たるＹを差し置いて他に情婦を有するか
らである。Ｘさえ情婦との関係を解消し，よき夫としてＹのもとに帰り来
るならば，何時でも夫婦関係は円満に継続し得べき筈である。即ちＸの意
思如何にかかることであつて，かくの如きは未だ以て前記法条にいう『婚

姻を継続し難い重大な事由』に該当するものということは出来ない。（論旨ではYの行き過ぎ行為を云為するけれども，原審の認定によれば，Yの行き過ぎは全く嫉妬の為めであるから，嫉妬の原因さえ消滅すればそれも直ちに無くなるものと見ることが出来る）XはXの感情は既にXの意思を以てしても，如何ともすることが出来ないものであるというかも知れないけれども，それも所詮はXの我儘である。結局Xが勝手に情婦を持ち，その為め最早Yとは同棲出来ないから，これを追い出すということに帰着するのであつて，もしかかる請求が是認されるならば，Yは全く俗にいう踏んだり蹴たりである。法はかくの如き不徳義勝手気儘を許すものではない。道徳を守り，不徳義を許さないことが法の最重要な職分である。総て法はこの趣旨において解釈されなければならない。」

キーポイント

1　有名な通称「踏んだり蹴ったり判決」である。

2　本最高裁判決は，一般に有責配偶者の離婚請求を認めないとの判例の立場を明確にした判決と理解されている。

3　しかし，昭和62年最判の最高裁判例解説は，本判決は，「原審の確定した事実関係の下においては，婚姻関係の復元が不可能とはいえないから，『婚姻を継続し難い重大な事由』に該当しないとしたものであって，右事案において，婚姻関係の破綻を前提にして請求者が有責である場合には離婚請求は許されないとの判決要旨を引出すのは疑問である。」と述べている（最判解説548頁）。

15　有責配偶者の夫の離婚請求を棄却した事案

【一　審】　横浜地裁昭和25年11月７日判決（昭和23年(タ)18号）（民集８巻12号2147頁）
【控訴審】　東京高裁昭和27年１月31日判決（民集８巻12号2149頁）
【上告審】　最高裁昭和29年12月14日判決（昭和27年(オ)196号）（民集８巻12号2143頁）

事　案

Ｘ（夫：原告，控訴人，上告人）とＹ（妻：被告，被控訴人，被上告人）は，昭和３年11月に結婚し，昭和４年４月に婚姻の届出をした。昭和５年３月に長男が生まれた。

Ｘは，昭和９年12月，家を出て，Ａと同棲している。

Ｘは，Ｙに対し本件離婚訴訟を提起した。

判　旨

1　一審は，Ｘの請求を棄却した。

2　控訴審も，一審を維持して，Ｘの控訴を棄却した。

3　上告審は，以下のとおり述べて，Ｘの上告を棄却した。

「原審の認定した処によるとＸは何等相当の事情もないに拘らず，他に情婦を持ち妻たるＹを遺棄して情婦と同棲し，これにより夫婦生活の破綻を生じたのであつて，右破綻は一つにＸの右背徳行為に基因するものである。民法第770条１項第５号は相手方の有責行為を必要とするものではないけれども，何人も自己の背徳行為により勝手に夫婦生活破綻の原因をつくりながらそれのみを理由として相手方がなお夫婦関係の継続を望むに拘わらず右法条により離婚を強制するが如きことは吾人の道徳観念の到底許さない処であつて，かかる請求を許容することは法の認めない処と解せざるを得ない。」

キーポイント

本最高裁判決は，有責配偶者の離婚請求を認めないとの判例の立場を明確にした判決である。

16　有責配偶者の夫に対する妻の離婚請求を認容した事案

【一　審】　新潟地裁高田支部判決（民集 9 巻12号1846頁）
【控訴審】　東京高裁昭和30年 4 月27日判決（民集 9 巻12号1850頁）
【上告審】　最高裁昭和30年11月24日判決（昭和30年㈹559号）（民集 9 巻
　　　　　　12号1837頁・家月 7 巻12号27頁）

事　案

　Ｘ（妻：原告，被控訴人，被上告人）とＹ（夫：被告，控訴人，上告人）
は，大正 3 年12月に結婚し，大正 5 年 3 月に婚姻の届出をした。ＸＹ間に
は五女一男が生まれたが，長女，三女，四女は生後間もなく死亡した。
　Ｙは，昭和 6 ， 7 年頃に，病気療養中，付添看護婦と性的関係を結んだ。
　Ｘ，Ｙらは，昭和20年からは新潟県に住み農業を営んでいた。
　Ｙは，Ｘに対し，何度も暴力を振るった。
　Ｘは，昭和26年から，子供らと上京して，Ｙと別居した。
　Ｘは，Ｙに対し本件離婚を求める訴訟を提起した。

判　旨

1　一審は，Ｘの請求を認容した。
2　控訴審は，以下のように述べて，婚姻を継続し難い重大な事由があると
　して，一審判決を維持し，Ｙの控訴を棄却した。
　　「本件当事者がこのようなことになつたのは，Ｙ（筆者注：Ｘの誤り）
　が20数年前に起きたＹの婦人関係を根に持つてことある度にこれを言ひ立
　てＹの古傷に触れるようなことをして徒にＹの感情を刺激する態度のあつた
　ことも察せられるのであるが，Ｙ側では精神病者の男子を抱え，縁遠い娘
　達のために悩む母親に同情を欠き些細のことに屡々暴力を振ひ，前記のよ
　うな事件を起したのでＸとしては全く感情上Ｙを嫌悪し円満に行かないよ
　うになつてしまつたものと認むるを得ない。」
3　上告審も，以下のとおり述べて，Ｙの上告を棄却した。
　　「原審が証拠によつて適法に認定した事実を総合すると，結局民法770条
　 1 項 5 号にいわゆる "婚姻を継続し難い重大な事由があるとき" に該当す
　る，と当裁判所でも判断することができる。原判決ではＸ側にもいくらか

の落度は認められるが，Y側により多大の落度があると認めているのである。かような場合にXの離婚請求を認めても違法とはいえない。」

キーポイント

1　妻にも多少の落ち度があるが，夫により多大な落ち度があるとして，妻からの離婚請求を認容した判決である。
2　夫婦の離婚に至る有責性の度合いを比較して，有責性の低い配偶者からの離婚請求は，いわゆる有責配偶者の離婚請求の場合には該当しないとの判断であろう。

17　妻の有責行為をも認定して，夫の離婚請求を認容した事案

【一　審】　福島地裁昭和28年11月20日判決（民集10巻12号1543頁）
【控訴審】　仙台高裁昭和29年10月26日判決（民集10巻12号1547頁）
【上告審】　最高裁昭和31年12月11日判決（昭和30年(オ)75号）（家月 8 巻
　　　　　12号47頁・民集10巻12号1537頁）

事　案

　X（夫：原告，控訴人，被上告人）は，Y（妻：被告，被控訴人，上告人）と大正11年１月に結婚し，大正15年２月に婚姻の届出をした。ＸＹ間には８人の子がいる。

　Yは，昭和23年８月からXと別居して食堂等の商売をした。

　Yは，昭和25年頃に，離婚調停の申立てをしたが，調停は不成立となった。

　Xは，昭和26年３月からBと同棲している。

　Xは，Yに対し，本件離婚訴訟を提起した。

　なお，Yは，昭和27年８月には，Xに対し，離婚等請求の反訴状を提出したが，その後取り下げた。

判　旨

1　一審は，Xの請求を棄却した。

2　控訴審は，一審判決を取り消し，Xの請求を認容した。

3　上告審は，以下のとおり述べて，Yの上告を棄却した。

　「原審は，YがXのかねて疑惑不快の念を抱いて居たA（X方の元雇人）と昭和24年５月頃以降久しきに亘つてその居を共にしX方に帰来しない所為は，Xに対する関係に於て所謂不良行為又は悪意の遺棄行為に該当しない場合であつても，少くとも婚姻生活の円満，維持に心すべき妻の所為として甚だ穏当を欠くものであり，これらYの所為はXの所為と共に民法770条１項５号に所謂婚姻を継続し難い重大な事由のある場合に該るとの趣意を判示して居るのであつて，所論の点につき所論違法はない。

　その余の論旨は，民法770条１項５号に関する原審の解釈適用を論難するものであるが，元来婚姻生活破綻の経緯は概ね極めて微妙複雑であり，

故意過失その他責任の所在を当事者の一方のみに断定し得ない場合等の存することは何人もこれを否定し得ないところであつて，右770条1項5号に所謂『重大な事由』もこれを必ずしも当事者双方又は一方の有責事由に限ると解する必要はないのである。そして今これを本件について観ると，原審は所論のように婚姻継続を困難乃至不能ならしめる事由がYのみに存する旨を認定判断して居るものではなく，Yの前記所為を始めXの所為等に照せばそれがY，Xの双方に存するとなして居るものであることを原判決の行文から容易に看取し得られるのみならず，原審認定に係る事実関係の下に於ては原審の右判断の相当であることを肯認するに足り，（略）これを条理，公序良俗に違背するものと為すに足りない。」

キーポイント

1 被告である妻の有責行為をも認定し，夫と妻双方の行為から民法770条1項5号の事由があるとして，夫の離婚請求を認容した判決である。
2 妻自身も離婚調停の申立て等をし，婚姻を維持する意思が失われていることも考慮されている。

18 婚姻破綻の有無及び夫の有責性について審理不尽とした事案

【一　審】　京都地裁昭和33年10月21日判決（昭和30年(タ)2号）（家月15巻8号62頁）

【控訴審】　大阪高裁昭和34年10月31日判決（昭和33年(ネ)1465号）（家月12巻3号122頁）

【上告審】　最高裁昭和38年6月7日判決（昭和35年(オ)216号）（家月15巻8号55頁）

事　案

X（夫：原告，控訴人，被上告人）とY（妻：被告，被控訴人，上告人）は，昭和10年に婚姻し，両者間には，長男，二男，長女，二女（昭和24年4月生）が生まれた。

Xは，Yとものの考え方，人生観，結婚観が根本的に相違すると思い，昭和14年頃から離婚したいと考え，Yの両親等にその意思を伝えた。

昭和24年10月から，ＸＹ夫婦は，Xの母と同居した。

Xは，昭和27年4月，母と共に転居して，Y及び子供らと別居した。

Xは，昭和28年10月に，離婚調停の申立てをなしたが，不成立となった。

Xは，Yに対し本件離婚訴訟を提起した。

判　旨

1　一審は，Xの請求を棄却した。

2　控訴審は，以下のように述べて，Xの請求を認容した。

「YはXとの婚姻の継続を希望しているけれども，双方の愛情は全く失われ，むしろ相互の嫌悪の念さえうかがわれ，ことにXはYとの婚姻継続の意思はなく，前示認定のような深刻な性格の背反は，もはや将来の双方の円満な結合を不能にしているものといわなければならない。事ここに至つたのは，Xが夫として幸福な婚姻生活を築きあげることについての反省と努力とが万全でなかつたことにその一つの原因があるといえるとしても，その反省と努力との不足が破綻について主としてXの責に帰すべき事由にあたるものということはできない。双方ともその責に帰すべき事由ないし

過失は認められないけれども，双方の婚姻関係は，双方の性格の不一致と愛情喪失とによつて，深刻かつ治癒し難い程度に破綻し，婚姻の実をあげ得る共同生活の回復はもはや望むことができず，この状態は婚姻を継続し難い重大な事由にあたるものというべきである。」

3　上告審は，以下のとおり述べて，控訴審判決を破棄して，差し戻した。

「婚姻関係が破綻した場合においても，その破綻につきもつぱら又は主として原因を与えた当事者は，自ら離婚の請求をなしえないものと解するのを相当とするところ，原判示事実関係によれば，双方の婚姻関係の破綻は，Ｘの独善的かつ独断的行為に起因するものが多大であることが窺えないわけではなく，しかも，双方がさらに反省と努力を重ねるならば，双方の子供達を中心とする周囲の者の協力，援助のいかんによつては，必ずしも将来円満な婚姻関係を回復することが期待できないものでもないことが推認できる。従つて，当事者双方の婚姻関係を継続し難い重大な事由があると判断した原判決は，民法770条1項5号の解釈，適法を誤つたものというべく，論旨は理由があり，原判決は破棄を免れない。そして，原審をして双方の婚姻関係を継続することの可能性の有無についての諸般の事情並びに右婚姻関係の破綻原因は主としてＸが与えたものというべきか否かについてさらに審理を尽させるため，本件を原審裁判所に差し戻すのが相当である。」

キーポイント

1　妻との性格，人生観の違い等を理由として夫が離婚請求をした事案について，控訴審は5号所定の事由該当を認めたが，上告審は，修復の可能性があるとして，破棄差し戻した。
2　さらに，上告審は，夫が有責配偶者である可能性を指摘している。夫の独善的かつ独断的行為により婚姻破綻した場合に，有責配偶者の離婚請求の法理を適用する可能性を述べている。しかし，この点は，判例上確立しているとは言えないであろう。

19　有責配偶者の夫の離婚請求を棄却した事案

【控訴審】 東京高裁昭和36年6月20日判決

【上告審】 最高裁昭和38年10月15日判決（昭和36年㈺985号）（集民68号
393頁・家月16巻2号31頁）

事　案

　X（夫：原告，控訴人，上告人）は，Y（妻：被告，被控訴人，被上告
人）に対し，本離婚訴訟を提起した。

判　旨

1　一審は，Xの請求を棄却した。

2　控訴審は，Xの控訴を棄却した。

3　上告審は，以下のとおり述べて，Xの上告を棄却した。

　「およそ婚姻関係の破綻を招くについて，もつぱら，または，主として
責任のある当事者はこれをもつて婚姻を継続し難い事由として離婚を請求
することを許されないものと解すべきである（昭和24年㈺第187号同27年
2月19日第三小法廷判決，集6巻2号110頁，昭和29年㈺第116号同29年11
月5日第二小法廷判決，集8巻11号2023頁，昭和27年㈺第196号同29年12
月14日第三小法廷判決，集8巻12号2143頁参照。）。

　本件についてこれをみるに，原判決が確定した一切の事実関係によれば，
Xが納得すべき特段の事情もないのに，判示の如き境遇にあるYを長期間
自己の義姉のもとに同居させたまま，同女とY間に存する確執を放置し，
Xが自宅から通勤しうる宇都宮税務署に勤務中はことさらYと離れて宇都
宮市内に下宿し，月に1，2回帰つても日帰りか，宿泊してもYと寝室を
異にし，昭和27年1月以来9年有余の間，（Yが拒んでいる訳ではないの
に）Yと全く夫婦としての肉体関係をなさず，冷淡な態度をとり続け，そ
の他，原判示の如き状況，心境にあるYに対し判示の如き態度に出で来つ
たことが，X，Y夫婦間の阻隔を深め，もはや婚姻を継続し難い破綻状態
に陥らしめたる主たる原因であり，従つて本件婚姻関係の破綻の惹起につ
いて主として責任のある当事者はXであるといわねばならない。してみれ
ばXの側からYとの婚姻を継続し難いものとして離婚を請求する本訴は許

されないものであり，これと同趣旨に出た原判決には所論の違反はない。」

キーポイント

1　事実関係の詳細は不明であるが，９年余りの間，妻を自己の義姉の
もとに同居させ，夫は同居せず，肉体関係をなさず，冷淡な態度をと
り続けた夫を有責配偶者と認定し，夫からの離婚請求を棄却した原判
決を維持した最高裁判決である。
2　不貞行為以外の理由で有責配偶者と認定された事案は比較的まれで
あり，その点で参考となろう。

20　破綻後に同棲した夫を有責配偶者でないとした事案

【一　審】　宇都宮地裁足利支部昭和42年２月16日判決（昭和38年㈆１号）（民集25巻３号413頁）
【控訴審】　東京高裁昭和45年10月29日判決（昭和42年㈹2747号）（民集25巻３号420頁）
【上告審】　最高裁昭和46年５月21日判決（昭和46年㈺50号）（民集25巻３号408頁・家月24巻１号36頁・判時633号64頁）

事　案

Ｘ（夫：原告，被控訴人，被上告人）は，Ｙ（妻：被告，控訴人，上告人）と昭和35年４月に婚姻した。

同時に，Ｘは，Ｙの両親Ｚ夫婦と養子縁組をし，婿入りの形でＹ，Ｚ夫婦と同居し，Ｚの家業である質商と貸衣装業に従事した。

ＸとＹ間に，昭和35年12月に長男が生まれた。

Ｘは，ＺとＹの酷い仕打ちに耐えきれず昭和36年１月に家を出て，Ｙと別居した。

Ｘは，Ａと昭和42年10月頃から同棲をし，昭和43年10月にＡとの間に女児が生まれた。

Ｘは，Ｙに対し本件離婚を，Ｚ夫婦に対し離縁を求める訴訟を提起した。

判　旨

1　一審は，Ｘの請求を認容した。
2　控訴審も，Ｘの請求を認容した。
3　上告審も，以下のとおり述べて，Ｙの上告を棄却し，控訴審判決を維持した。

「原審が適法に確定した事実によれば，Ｘは，Ｙとの間の婚姻関係が完全に破綻した後において，Ａと同棲し，夫婦同様の生活を送り，その間に一児をもうけたというのである。右事実関係のもとにおいては，その同棲は，ＸとＹとの間の婚姻関係を破綻させる原因となつたものではないから，これをもつて本訴離婚請求を排斥すべき理由とすることはできない。右同棲が第一審継続中に生じたものであるとしても，別異に解すべき理由はな

い。」

キーポイント

　婚姻破綻後に夫が妻以外の女性と同棲した場合には，その同棲は婚姻破綻の原因ではなく，夫の離婚請求を棄却すべきではないと判示した最高裁判決として重要である。

21 有責配偶者の夫からの離婚請求を棄却した事案

【一 審】 神戸地裁昭和52年１月21日判決（昭和46年(タ)31号）
【控訴審】 大阪高裁昭和54年１月30日判決（昭和52年(ネ)179号）
【上告審】 最高裁昭和54年12月13日判決（昭和54年(オ)434号）（集民128号183頁・判時956号49頁）

事　案

事案の詳細は不明であるが，上告理由からは以下の事実が分かる。

Ｘ（夫）とＹ（妻）は，昭和40年元旦以降別居状態にある。

Ｘには，生活をともにしているＡとの間に３人の子供がある。

Ｘは，Ｙに対し，本件離婚請求訴訟を提起した。

判　旨

1　一審及び控訴審は，Ｘの請求を棄却した。

2　上告審も，以下のように述べて，Ｘの上告を棄却し，控訴審判決を維持した。

「婚姻関係が破綻した場合においても，その破綻につきもっぱら又は主として原因を与えた当事者は，みずから離婚の請求をすることができないものであることは，当裁判所の判例とするところであり（最高裁昭和36年(オ)第985号同38年10月15日第三小法廷判決・裁判集民事68号393頁），これと同旨の原審の判断は正当である。」

キーポイント

婚姻の破綻につきもっぱら又は主として原因を与えた当事者は，みずから離婚の請求ができないとの判断を，最高裁昭和38年10月15日判決（[裁判例19]）を引用して確認した最高裁判決である。

22　別居期間36年余りの有責配偶者の夫からの離婚請求を認容した事案

【一　審】　福島地裁白河支部昭和58年7月18日判決（昭和56年㈫6号）
　　　　　　（判時1147号109頁）
【控訴審】　仙台高裁昭和59年12月14日判決（昭和58年㈭360号）（判時
　　　　　　1147号107頁）

事　案

　X（夫：原告，控訴人）とY（妻：被告，被控訴人）は，大正15年に婚姻届をした。

　XとYは，三男三女をもうけた。

　Xは，昭和20年ころからAと男女関係を持った。

　Xは，新たに会社を興し，昭和23年1月に横須賀市に転出し，Aと同居した。以後Yと30余年にわたり別居状態を続けている。

　Xは，Yに対し，本件離婚請求訴訟を提起した。

判　旨

1　一審は，Xの請求を棄却した。

2　控訴審は，以下のように述べて，一審判決を取り消し，Xの請求を認容した。

　「右に説示したところにより幾分かの責任軽減がなされるにもせよ，Xが本件婚姻破綻の主たる責任を負っていることに変りはない。しかし飜って考えると，Xがその行動に出たのは39年ないし36年余の昔であり，XとYとがともかくも夫婦としての生活をした期間の2倍前後の年数が経過し，両者とも既に老境に達している。Xは自己の死後Aが年金等受給の資格なしとされるのを案じ，同女を妻として入籍するためにYとの離婚を強く望んでいる。もとより，YのX及びAに対する恨みや憎しみは未だ消えておらず，むしろうっせきし激化している面も見られるが，いわば比喩的にいうならば，最も重い罪に関する公訴時効期間である15年の優に2倍以上の年月が過ぎ去った現在では，Xの有責性は，Yの胸中には依然残っているものの，客観的には風化しつつあるということができる。

しかしながら，離婚により子の福祉が害されたり，相手方配偶者が経済的苦境に立つことが予想されるときは，その面から離婚の是非を検討してみる必要もある。これを本件についてみるに，両名間の子は皆既にいわゆる熟年・中年の域に達しているので，右前段の心配はなく，Ｙは二男である亡二郎の妻及びその子らと共に生活し，近くにいる二女の夏子や三男三郎にも支えられて平穏な毎日を過ごしており，特に資産はなく収入とてもとりたてていうほどのものはないが，経済面での不安はない。離婚によりＹの現在の生活状況に変化が生じ，或いはＹが現に属している『甲野家』の墓所に葬られえなくなるというような事態は殆ど考えられないところである。

以上検討し来ったところを総合すれば，破綻して既に40年近くになるＸ・Ｙ間の婚姻関係をこの際解消し，形骸化して久しい右婚姻関係にまつわる多くのことがらを整理した上で，これを機にそれぞれが心静かな余生を送りうるように取計うのが法の理念に合致するゆえんであるというべきである。」

キーポイント

1　昭和62年最判の前に，有責配偶者の夫の離婚請求を認容した高裁判決として重要である。
2　高裁判決は，30年以上の期間の別居によって，夫の有責性が客観的には風化していること，離婚により妻が経済的に苦境に立つことがないことを主な理由としており，これは昭和62年最判につながるものであろう。

23　有責配偶者からの離婚請求が認められる要件

【一　審】　東京地裁昭和60年６月28日判決（昭和59年(タ)178号）（民集41巻６号1440頁）
【差戻前控訴審】　東京高裁昭和60年12月19日判決（昭和60年(ネ)1813号）（民集41巻６号1443頁）
【上告審】　最高裁昭和62年９月２日判決（昭和61年(オ)260号）（判時1243号３頁・民集41巻６号1423頁）
【差戻後控訴審】　東京高裁平成元年11月22日判決（昭和62年(ネ)2794号・平成元年(ネ)2530号）（判時1330号48頁）

事　案

Ｘ（夫，明治45年３月生：原告，控訴人，上告人）とＹ（妻，大正５年６月生：被告，被控訴人，被上告人）は，昭和12年２月に婚姻し，Ｘが昭和17年から昭和21年まで南方で従軍した期間を除き平穏に同居生活をしていた。ＸＹには子が生まれなかったため，昭和23年12月にＢ及びＣと養子縁組をした。

Ｘは，昭和24年８月ころＡと同棲し，以後ＸとＹは別居状態にある。ＸとＡとの間には二子が生まれ，Ｘはこの二子を認知した。Ｘは，昭和26年ころ，Ｙに対して離婚請求訴訟を提起したが，これは棄却された。

Ｘは，昭和58年に離婚調停申立てをしたが，不成立となったので，Ｙに対して本件離婚請求訴訟を提起した。

判　旨

1　一審，差戻前控訴審とも，有責配偶者であるＸの請求を認容することは信義誠実の原則に照らし許されないとして，Ｘの請求を棄却した。

2　上告審は，以下のとおり述べて，原判決を破棄し，高裁に差し戻した。

「５号所定の事由による離婚請求がその事由につき専ら責任のある一方の当事者（以下「有責配偶者」という。）からされた場合において，当該請求が信義誠実の原則に照らして許されるものであるかどうかを判断するに当たっては，有責配偶者の責任の態様・程度を考慮すべきであるが，相手方配偶者の婚姻継続についての意思及び請求者に対する感情，離婚を認めた場合における相手方配偶者の精神的・社会的・経済的状態及び夫婦間

の子，殊に未成熟の子の監護・教育・福祉の状況，別居後に形成された生活関係，たとえば夫婦の一方又は双方が既に内縁関係を形成している場合にはその相手方や子らの状況等が斟酌されなければならず，更には，時の経過とともに，これらの諸事情がそれ自体あるいは相互に影響し合って変容し，また，これらの諸事情のもつ社会的意味ないしは社会的評価も変化することを免れないから，時の経過がこれらの諸事情に与える影響も考慮されなければならないのである。

　そうであってみれば，有責配偶者からされた離婚請求であっても，夫婦の別居が両当事者の年齢及び同居期間との対比において相当の長期間に及び，その間に未成熟の子が存在しない場合には，相手方配偶者が離婚により精神的・社会的・経済的に極めて苛酷な状態におかれる等離婚請求を認容することが著しく社会正義に反するといえるような特段の事情の認められない限り，当該請求は，有責配偶者からの請求であるとの一事をもって許されないとすることはできない」「XとYとの婚姻については5号所定の事由があり，Xは有責配偶者というべきであるが，XとYとの別居期間は，原審の口頭弁論の終結時まででも約36年に及び，同居期間や双方の年齢と対比するまでもなく相当の長期間であり，しかも，両者の間には未成熟の子がいないのであるから，本訴請求は，前示のような特段の事情がない限り，これを認容すべきものである。」

3　差戻後控訴審では，Yは，4000万円の予備的財産分与の申立て，3000万円の慰謝料請求の予備的反訴を提起した。差戻後控訴審は，離婚請求を認容することができない特段の事情は認められないとして，Xの離婚請求を認めた。そして，Xに対して，月10万円ずつ平均余命の範囲内である10年分の離婚後の生活費にかかる財産分与として1000万円，慰謝料として1500万円の支払を命じた。

キーポイント

1　有責配偶者からの離婚請求を否定してきたこれまでの判例を変更し，有責配偶者からの離婚請求を認めた画期的な最高裁大法廷判決である。
　　この判例により，その後の離婚判例，実務は大きく変わった。
2　この判例により初めて有責配偶者からの離婚請求を認める三要件ないし三要素が明らかとなった。

24　別居期間30年の有責配偶者の夫からの離婚請求

【一　審】　浦和地裁川越支部昭和60年6月27日判決（昭和56年(タ)21号）
　　　　　　（家月40巻3号38頁）
【控訴審】　東京高裁昭和61年12月15日判決（昭和60年(ネ)2080号）（家月
　　　　　　40巻3号35頁）
【上告審】　最高裁昭和62年11月24日判決（昭和62年(オ)584号）（家月40巻
　　　　　　3号27頁・判時1256号28頁）

事　案

　X（夫：原告，被控訴人，被上告人）とY（妻：被告，控訴人，上告人）
は，昭和27年に婚姻届出をなし，両者間には，長女（昭和28年生）がいる。
　XとYは，婚姻当時ともに小学校教員をしていたが，Xは，飲食店の女店
主と親密な関係になったとの噂が広まった等のため，教員をやめて，昭和
31年4月に単身上京した。
　Xは，昭和33年頃からAと同棲した。
　Yは，昭和48年頃49歳で小学校教員を退職して上京し，長女と生活をし
た。
　その際，Xは，家賃の援助や，長女が購入した家の購入代金の一部負担，
住宅ローンの一部負担等をした。
　Xは，Yに対し，本件離婚請求訴訟を提起した。

判　旨

1　一審は，以下のように述べて，Xの請求を認容した。
　「YはXと離婚したとしても，現在の年金による生活に何らの変化はな
　く，前記認定のとおり，住居も安定している。以上検討したところを総合
　すると，30年近く前のXの非違行為も今ではこれをXの有責行為として，
　Xからの離婚請求を拒否できるほどのものではなくなつたものとみて，こ
　の際，X・Y間の婚姻関係を解消し，残された人生をそれぞれに全うさせ
　るのを相当と考える。」
2　控訴審は，Yの控訴を棄却し，一審判決を維持した。
3　上告審は，以下のように述べて，Yの上告を棄却し，控訴審判決を維持

した。

「YとXとの婚姻については，夫婦としての共同生活の実体を欠き，その回復の見込みが全くない状態に至つたことにより，民法770条1項5号所定の婚姻生活を継続し難い重大な事由があると認められるところ，Xは有責配偶者というべきであるが，YとXとの別居期間は原審の口頭弁論終結時（昭和61年10月15日）まででも約30年に及び，同居期間や双方の年齢と対比するまでもなく相当の長期間であり，しかも，両者の間には未成熟の子がなく，Yが離婚により精神的・社会的・経済的に極めて苛酷な状態におかれる等離婚請求を認容することが著しく社会正義に反するといえるような特段の事情が存するとは認められないから，冒頭説示したところに従い，Xの本訴請求は，有責配偶者からの請求であるとの一事をもつて許されないとすべきではなく，これを認容すべきものである。」

キーポイント

1　昭和62年最判後最初に有責配偶者の離婚請求を認容した最高裁判決である。
2　昭和62年最判前の地裁，高裁判決が，有責配偶者である夫の離婚請求を認容していた点も注目に値する。

25　別居期間22年の有責配偶者の夫からの離婚請求

‥‥

【一　審】　福岡地裁小倉支部昭和55年９月９日判決（昭和51年㈉32号）
　　　　　　（家月40巻５号136頁）
【控訴審】　福岡高裁昭和62年４月27日判決（昭和55年㈹595号）（家月40
　　　　　　巻５号127頁）
【上告審】　最高裁昭和63年２月12日判決（昭和62年㈺1001号）（家月40
　　　　　　巻５号113頁・判時1268号33頁）

事　案

　Ｘ（夫：原告，控訴人，上告人）とＹ（妻：被告，被控訴人，被上告人）
は，昭和23年に婚姻し，昭和24年に長女が，昭和30年に長男が生まれた。

　Ｘは，昭和38年に税理士事務所を開業し，同年10月に採用した事務員Ａ
と親しくなった。

　Ｙは，昭和39年10月に睡眠薬による自殺を図り，精神病院に入院した。

　Ｘは，昭和39年10月に離婚を決意して，二児を連れて転居し，同年11
月に離婚調停の申立てをした。

　Ｙが同年11月に退院すると，Ｘは自宅に戻り，調停を取り下げた。

　Ｘは，昭和40年１月からＡと再び親密な関係を継続し，昭和40年４月か
らは，Ｙと別居している。

　Ｘは，昭和41年８月からＡと同居し，昭和48年２月にＡとの間に男児が
生まれ，認知をした。

　Ｘは，昭和51年７月に，Ｙに対して本件離婚請求訴訟を提起した。

判　旨

1　一審は，有責配偶者であるＸの請求を認容することができないとして，
　Ｘの請求を棄却した。

2　控訴審も，一審判決を維持して，Ｘの控訴を棄却した。

3　上告審は，昭和62年最判を引用し，以下のとおり述べて，原判決を破棄
　し，高裁に差し戻した。

　　「ＸとＹとの婚姻については同号（筆者注：民法770条１項５号）所定の
　事由があり，Ｘは有責配偶者というべきであるが，ＸとＹとの別居期間は，

原審の口頭弁論の終結時まででも約22年に及び，同居期間や双方の年齢と対比するまでもなく相当の長期間であり，しかも，両者の間には未成熟の子がいないのであるから，本訴請求は，右のような特段の事情がない限り，これを認容すべきものである。」

キーポイント

　別居期間22年で未成熟子のいない夫婦について，有責配偶者である夫からの離婚請求を棄却した高裁判決を破棄し，特段の事情の有無についての審理を求めて差し戻した最高裁判決である。

26 別居期間16年の場合の有責配偶者の夫からの離婚請求

【一 審】 大阪地裁昭和61年11月25日判決（昭和60年(タ)82号）（家月40
巻 7 号176頁）

【控訴審】 大阪高裁昭和62年 3 月27日判決（昭和61年(ネ)2452号）（家月
40巻 7 号175頁）

【上告審】 最高裁昭和63年 4 月 7 日判決（昭和62年(オ)721号）（家月40巻
7 号171頁・判タ681号115頁）

事 案

X（夫：原告，控訴人，上告人）とY（妻：被告，被控訴人，被上告人）
は，昭和24年 9 月に婚姻届出をなし，両者間には，長女（昭和25年生），
二女（昭和26年生），三女（昭和28年生），四女（昭和30年生）がいる。

Xは，昭和25年ころから他の女性と関係をもち，昭和31，2年ころから
は自宅に帰らないことが多くなった。Xは，昭和45，6年ころからまた別
の女性と同棲してYのところには寄りつかず，Yに生活費を渡さなくなり，
昭和50年ころからはAと同棲している。

Yは，Xからの生活費が途絶えたころからXとの結婚生活を諦め，自らX
と連絡したり，接触することも一切止め，現在は長女と同居し，その扶養を
受けて生活している。

Xは，Yに対し，本件離婚請求訴訟を提起した。

判 旨

1 一審は，Xの離婚請求を棄却した。

2 控訴審も，Xの控訴を棄却して，一審判決を維持した。

3 上告審は，昭和62年最判を引用したうえで，以下のように述べて，控訴
審判決を破棄して，差し戻した。

「XとYとの婚姻については同号（筆者注：民法770条 1 項 5 号）所定の
事由があり，Xは有責配偶者というべきであるが，XとYとの別居期間は，
原審の口頭弁論の終結時まででも約16年に及び，同居期間や双方の年齢と
対比するまでもなく相当の長期間であり，しかも，両者の間には未成熟の
子がいないのであるから，本訴請求は，右のような特段の事情がない限り，

これを認容すべきものである。」

　「そして，本件については，右特段の事情の有無につき更に審理を尽くす必要があるうえ，Ｙの申立いかんによっては離婚に伴う財産上の給付の点についても審理判断を加え，その解決をも図るのが相当であるから，本件を原審に差し戻すこととする。」

キーポイント

　別居期間16年で未成熟子がいない夫婦について，有責配偶者の夫からの離婚請求を棄却した高裁判決を破棄して，特段の事情の有無についての審理を求めて差し戻した最高裁判決である。

27　有責配偶者の妻からの離婚請求が認められた事案

- 【一　審】　新潟地裁村上支部昭和60年２月28日判決（昭和57年(タ)４号）
　　　　　　（家月41巻３号156頁）
- 【控訴審】　東京高裁昭和62年３月25日判決（昭和60年(ネ)647号）（家月41
　　　　　　巻３号153頁）
- 【上告審】　最高裁昭和63年12月８日判決（昭和62年(オ)843号）（家月41巻
　　　　　　３号145頁）

事　案

　X（妻，昭和23年生：原告，被控訴人，被上告人）とY（夫，昭和25年生：被告，控訴人，上告人）は，昭和51年１月に婚姻届出をなした。XY間に子はない。

　Yは，外国航路の船にコックとして乗船していた。

　Xは，昭和51年夏頃，Aと知り合い，同年９月から肉体関係を持つようになり，昭和51年11月にYと生活していたアパートから出て，Aと昭和55年10月頃まで同棲した。

　YはAに対し，損害賠償請求訴訟を提起し，昭和54年に250万円の支払を命ずる判決が下され，その支払を受けた。

　Yは，昭和56年８月に離婚調停の申立てをし，XがYに600万円支払うならば離婚に応じてもよいとの提案をしたが，Xがこれに応じなかったため不調となった。

　Xは，昭和59年には，躁うつ病，アルコール依存症で入院し，その後通院している。

　Xは，Yに対し，本件離婚請求訴訟を提起した。

判　旨

1　一審は，Xの離婚請求を認容した。

2　控訴審も，Yの控訴を棄却し，一審判決を維持した。

3　上告審も以下のように述べて，Yの上告を棄却した。

　「YとXとの婚姻については同号（筆者注：民法770条１項５号）所定の事由があり，Xは有責配偶者というべきであるが，YとXとの別居期間は，

原審の口頭弁論終結時（昭和62年１月28日）までで約10年３か月であつて，双方の年齢及び同居期間との対比において相当の長期間に及び，しかも，両者の間には子がなく，Ｙが離婚により精神的・社会的・経済的に極めて苛酷な状態におかれる等離婚請求を認容することが著しく社会正義に反するといえるような特段の事情が存するとはいえないから，右に説示したところに従い，Ｘの本訴請求は，有責配偶者からの請求であるとの一事をもつて許されないとすべきではなく，これを認容すべきものである。」

　また，本判決には，佐藤哲郎裁判官の以下の意見がある。

　「ＹとＸとの婚姻関係は破綻し，Ｘはその破綻につき専ら又は主として原因を与えた有責配偶者というべきであるが，ＹとＸとの別居期間は既に10年３か月に及び，その間，Ｘは，Ｙとの本件離婚を巡る紛争も一因となつて精神的な変調を来すなど既に相応の制裁を受容しているともいうことができ，一方，Ｙは，婚姻の継続を望んでいるとはいうものの，その真の理由は，Ａとの不貞行為に走つたＸから離婚を求められるいわれはないはずであるとの確固たる気持ないしＸに対する意地あるいは憎悪感という感情的なものにすぎず，Ｘとの関係修復を実現可能なものと捉えて真摯かつ具体的な努力をした跡は窺えず，昭和56年には自ら離婚調停の申立てをして離婚の条件を提示するなどいつたんは離婚を考えたこともあるなどの事情も考慮すれば，本件離婚請求が有責配偶者たるＸからの請求であるにもかかわらずこれを認容するのを相当とする前示特段の事情があるというべきであり，私の立場においても，Ｘの本訴請求は認容すべきものと考える。」

キーポイント

1　有責配偶者の妻からの離婚請求を，三要件アプローチに基づいて認容した最高裁判決である。

　　本件は別居期間が約10年３か月であつたが，この場合には双方の年齢及び同居期間との対比において相当の長期間に及んでいると認定している点は注目に値する。

2　夫が離婚を拒否する理由に関する佐藤裁判官の所論は参考になる。

28　合意による別居期間22年の有責配偶者からの離婚請求

【一　審】　浦和地裁熊谷支部昭和63年４月11日判決（昭和61年㈡15号）
【控訴審】　東京高裁平成元年２月27日判決（昭和63年㈹1353号）（判タ
　　　　　714号217頁）

事　案

　Ｘ（夫：原告，控訴人）とＹ（妻：被告，被控訴人）は，昭和33年５月
に婚姻の届出をした。両者の間に子はいない。

　Ｘは，地方で開業医をしており，Ｙは，昭和41年に東京都内でアクセサ
リースクールを開校し，Ｘと別居して都内のマンションに居住していた。Ｘ
は，別居中複数の女性と関係を持ち，昭和55年春からＡと同棲し，昭和56
年４月Ａとの間に長女をもうけ，認知した。

　Ｘは，Ｙに対して本件離婚請求訴訟を提起した。

判　旨

1　一審は，Ｘの離婚請求を棄却した。

2　控訴審は，以下のように述べて，一審判決を取り消し，Ｘの離婚請求を
　認容した。

　「ＸとＹとの別居期間は，前記のとおり昭和41年から通算すると約22年
に及び，同居期間（約８年）や双方の年齢（Ｘが60歳，Ｙが58歳）と対比
すれば，相当の長期間であり，しかも，両者の間には子がない。

　そこで，前記特段の事情の存否について検討すると，前認定の事実によ
れば，Ｙは現在も甲状腺腫瘍の治療を受けており，Ｘを頼りにしＸとの婚
姻の継続を望んでいるが，本件訴訟の審理及びこれに先立つ離婚調停を通
してＸの離婚意思の固いことを認識していること，Ｙは資産として都内三
田のマンション，軽井沢の原野，八丈島の山林及び甲野医院の建物と敷地
の持分２分の１を所有し，Ｘから医師会団体生命保険，明治生命，朝日生
命その他の生命保険の保険金受取人をＹとした保険証券の交付を受けてい
ること，Ｘは，Ｙに対し一時期を除いて生活費を送金してきており，今後
も引続き１か月20万円宛送金する意向であること，ＸはＹに対する離婚給
付として甲野医院の建物と敷地についてのＹの持分２分の１の譲渡代金，

離婚慰謝料及び過去の未払生活費の合計金として金4000万円を支払い，かつ離婚後の生活費としてYの終生1か月20万円を支払う旨提示し，離婚に伴う相応の財産的手当を考えていること，YはXと別居後東京都内において単身生活を続けてきており，現在は自己所有のマンションに居住し，Xより将来とも生活費の援助を継続して受けることができれば，Xと離婚しても生活自体にはさしたる変化を来さないことが認められ，Yが離婚により精神的・社会的・経済的に極めて苛酷な状態におかれる等離婚請求を認容することが著しく社会正義に反するといえるような特段の事情が存するとは認められないから，Xの離婚請求は有責配偶者からの請求ではあっても，これを認容すべきである。」

キーポイント

1　夫と妻の合意による別居期間は22年，夫が他の女性と同棲してから約8年経過している事案について，有責配偶者の夫からの離婚請求を認容した高裁判決である。
2　夫が離婚給付の一時金のほか，離婚後の生活費として終生1か月20万円を支払う旨提示していること，妻が自宅マンション等の資産を有していること，夫がAとの間に一女をもうけて内縁関係を形成していること等が特段の事情の有無の判断において重視されたと思われる。

29　別居期間8年余りの有責配偶者からの離婚請求を棄却した事案

【一　審】　横浜地裁小田原支部昭和60年7月29日判決（昭和57年(タ)29号）（家月41巻7号74頁）

【控訴審】　東京高裁昭和62年3月9日判決（昭和60年(ネ)2175号）（家月41巻7号71頁）

【上告審】　最高裁平成元年3月28日判決（昭和62年(オ)839号）（家月41巻7号67頁・判時1315号61頁・判タ699号178頁）

事　案

　X（夫，大正15年5月生：原告，被控訴人，上告人）とY（妻，昭和3年1月生：被告，控訴人，被上告人）は，昭和27，28年ころから同棲し，昭和30年4月に婚姻の届出をした。昭和30年3月長女，昭和33年12月次女，昭和39年9月長男，昭和41年11月次男がそれぞれ生まれた。昭和44年ころXは，自宅近くにアパートを借りてそこで寝泊りするようになったが，昭和49年ころには，Xら家族と再度同居した。Xは，昭和51年ころからAと関係を持ち，昭和53年には，Aの家の一間を賃借してそこで生活するようになり，昭和56年以降はAと同棲関係と見える状態になった。

　Xは，Yに対して本件離婚請求訴訟を提起した。

判　旨

1　一審は，XYの婚姻関係は昭和57年2月頃には完全に破綻し，その原因はXY双方にあるとして，Xの離婚請求を認めた。

2　控訴審は，婚姻破綻の主たる責任はXにあるとして，有責配偶者であるXの請求を棄却した。

3　上告審は，以下のとおり述べて，Xの上告を棄却した。

　「民法770条1項5号所定の事由による離婚請求がその事由につき専ら又は主として責任のある一方の当事者（以下「有責配偶者」という。）からされた場合であっても，夫婦の別居が両当事者の年齢及び同居期間との対比において相当の長期間に及び，その間に未成熟の子が存在しない場合には，相手方配偶者が離婚により精神的・社会的・経済的に極めて苛酷な状

態におかれる等離婚請求を認容することが著しく社会正義に反するといえるような特段の事情が認められない限り，当該請求は，有責配偶者からの請求であるとの一事をもって許されないとすることはできないというべきである（最高裁昭和61年(オ)第260号同62年9月2日大法廷判決・民集41巻6号1423頁）。

　前記事実関係のもとにおいては，XとYとの婚姻については同号（筆者注：民法770条1項5号）所定の事由があり，Xは有責配偶者というべきであるが，XとYとの別居期間は，原審の口頭弁論終結時（昭和61年8月18日）まで8年余であり，双方の年齢や同居期間を考慮すると，別居期間が相当の長期間に及んでいるものということはできず，その他本件離婚請求を認容すべき特段の事情も見当たらないから，本訴請求は，有責配偶者からの請求として，これを棄却すべきものである。」

キーポイント

1　未成熟子がいない有責配偶者からの離婚請求について，8年余の別居期間では，相当の長期間に及んでいるとはいえないとして，離婚請求を棄却した最高裁判決である。

2　最高裁判決は，有責配偶者を「民法770条1項5号所定の事由による離婚請求がその事由につき専ら又は主として責任のある一方の当事者」と定義している。

3　同居期間22年，別居期間8年余の事案で，有責配偶者からの離婚請求を認めるか否かは微妙であり，これ以降の判例の動向からすると離婚請求を認容することも十分にあり得ると思われる。

30　夫が姑の嫁いびりに加担したことを有責と認定した事案

【一　審】　新潟地裁長岡支部昭和57年9月8日判決（昭和56年(タ)9号）
【控訴審】　東京高裁平成元年5月11日判決（昭和57年(ネ)2368号）（判タ
739号197頁）
【上告審】　最高裁平成2年3月6日判決（平成元年(オ)1131号）（判タ739
号203頁）

事　案

　X（夫：原告，被控訴人，上告人）とY（妻：被告，控訴人，被上告人）
は，昭和43年12月に婚姻の届出をした。両者間には，長男（昭和44年生）
と二男（昭和47年生）がいる。

　XとYは，Xの母Aと同居していた借家で新婚生活を始めたが，XがA名
義で土地を購入したこと等からYとAとの感情的対立が激化した。XYは，
昭和47年7月にAと別居したが，その後もXYの口論は絶えず，Xは，昭
和53年3月に家を出て，A宅に帰り，Yと別居した。

　Xは，昭和56年4月に，本離婚訴訟を提起した。

　昭和58年2月に，婚姻費用分担調停で，Xが子1人につき月1万5000
円を支払うこととなったが，Xは，昭和60年1月分まで支払ったのみで，
以後支払っていない。

　Yは，昭和58年4月以降生活保護を受けながらパートタイムの仕事をし
ている。

判　旨

1　一審は，Xの離婚請求を認容した。

2　控訴審は，以下のとおり述べて，一審判決を取り消し，Xの離婚請求を
　棄却した。

　「現在YとXとの婚姻は，当事者の性格や10年間の別居状態が続いたこ
　とを考慮すると，一見その回復の見込はない状態にあるかに見えるが，そ
　の原因について考えると，Yの極めて執着心が強くまた勝気でやや攻撃的
　な性格が右のような状況に至らせた一因であることは否定し難いが，Aの
　気丈で勝気な性格や同人の余りにも常軌を逸したYに対する仕打が，Xの

優柔不断というか，後になるに従ってＡべったりとなっていった対応とあいまって，Ｙを必要以上に刺激し，Ｙの前記認定のような言動を誘引したことこそ，その主因と見るのが相当である。

　そうだとすると，ＹとＸ間に限ってみれば，両名間に未成年の子２人が居り，うち１人は高校在学中という明らかな未成熟子であることをも考慮にいれると，その婚姻関係は回復不可能とまでいえるかどうか，当裁判所は判断に苦しむところである。」

　「Ｘは，ＡのＹに対する嫁いびり延いては追出しの策動に加担し，これを遂行したものとの非難を免れえず，婚姻破綻につき専ら（ここでは主としての意）責任を有する者として，本訴は有責配偶者の離婚請求と断ぜざるをえない。そして，前記の如き婚姻期間約10年に比すれば別居期間約10年（しかも，その大半約７年間は本訴係属中の期間である）が不相当に長期間にわたっているとは即断できず，双方の年齢もいずれも同年の47歳であり，未成年子２人のうち，明らかな未成熟子の高校生が１人居り，Ｘの現在までの前記婚姻費用の支払状況から察すると，今後のＹに対する財産的給付の可能性は極めて薄いといわざるをえない。その他，本件にあらわれた一切の事情を勘案すると，今，離婚の実現をみたときは，Ｙを現在より一層苛酷な状態に追いやるであろうことは十分に予見しうるところである。

　そうである以上，Ｘの本訴請求は，民法第１条の法意からしても，許されるべきではない。」

3　上告審も，Ｘの上告を棄却した。

キーポイント

1　夫が，夫の母の妻に対する嫁いびり延いては追出しに加担したことが婚姻破綻の原因であるとして，有責配偶者の夫の離婚請求を棄却した高裁判決である。
　　不貞行為以外の原因で有責配偶者の認定をしたまれな高裁判決である。
2　同居期間10年に比して別居期間約10年が相当長期間とはいえず，高校生の未成熟子がいることが離婚請求棄却の理由となっている。
3　夫が調停で決まった婚姻費用もきちんと支払わず，妻が生活保護を受けていることが，特段の事情判断において重視されたと思われる。

31 別居期間15年6か月の有責配偶者の夫からの離婚請求の事案

………………………………………………………………………………………………

【一　審】　大阪地裁昭和61年8月26日判決（昭和55年(タ)284号等）

【控訴審】　大阪高裁昭和62年11月26日判決（昭和61年(ネ)1834号）（判時1281号99頁）

【上告審】　最高裁平成元年9月7日判決（昭和63年(オ)316号）（集民157号457頁）

事　案

　X（夫：原告，控訴人，上告人）とY（妻：被告，被控訴人，被上告人）は，昭和42年に婚姻し，両者間に長男A（昭和43年2月生）がいる。

　Xは，昭和46年10月に離婚調停の申立てをした。

　Xは，Aを伴ってYと別居し，昭和47年5月からBと同棲した。

　Xは，Yに対し，民法770条1項5号に基づき離婚を請求する本訴訟を提起した。

判　旨

1　一審は，Xの請求を棄却した。

2　控訴審も，以下のように述べて，Xの控訴を棄却した。

　「Xは，前記別居の時点やその後も今日までYに対し特に財産の分与もしていないうえ，昭和54年11月5日に婚姻費用分担の審判が確定した後においても，Yからその強制執行を受けなければこれを支払わないという態度を続けているし，また，昭和48年3月頃にはYを社会保険の被扶養者から外すという措置をとるなど，不誠実な態度をとり続けているものであって，このような事情や前記認定のようにYが現在定職がなく，その年令からみて相応の収入のある職業を新たに見つけることは困難であることがうかがわれ，離婚となれば将来さらに経済的な窮境に放置されることとなる危険性があること（仮にYの反訴請求にもとづき財産分与ないし慰謝料の支払が認容されるとしても，前記の従前におけるXの態度からみてその実効性には疑問がある），前記のXの現在までにとった態度からみると，Yの危惧するように本件離婚が認められればAとの実質的な親子関係を回復

することは殆んど不可能な状況に追込まれるものとみられることなどの事情を考慮すると，本件において離婚を認めることは，自ら本件婚姻破綻の原因となるべき事実を作出し，不誠実な態度を継続しているＸの請求を容認し，他方，婚姻継続を熱望しているＹを経済的及び精神的にさらに窮状に追い込むことになるものであるから，このような場合本件離婚請求は信義誠実の原則に照らして許されないものと解するのが相当である。」

3　上告審は，昭和62年最判を引用した上で，以下のように述べて，控訴審判決を破棄し，差し戻した。

　「ＸとＹとの婚姻は既に破綻しており，Ｘは有責配偶者というべきであるが，ＸとＹの別居期間は，原審の口頭弁論終結時までででも約15年6か月に及び，同居期間や双方の年齢と対比するまでもなく相当の長期間であり，しかも，Ｘ，Ｙ間の長男Ａは右の時点において既に19歳の半ばに達しているから，両者の間には既に未成熟の子が存在しないというべきである。したがって，Ｘの本訴請求は，右のような特段の事情のない限り，これを認容すべきところ，Ｙが離婚によって被るべき原審認定のような経済的・精神的不利益は，離婚に必然的に伴う範囲を著しく超えるものではないというべきであって，未だ右にいう『精神的・社会的・経済的に極めて苛酷な状態』に当たらないというほかはなく，また，原審がＸの不誠実な態度の徴表として認定説示している前記事情も，本件の紛争の経緯に照らすと，これを過大に評価することはできないというべきであるから，原審認定の前記事実関係だけでは，他に格別の事情の認められない限り，前示特段の事情があると認めることはできないものというべきである。」

キーポイント

1　別居期間15年6か月の夫婦について，別居期間は同居期間や双方の年齢と対比するまでもなく相当の長期間であるとして，有責配偶者の夫からの離婚請求を棄却した高裁判決を破棄した最高裁判決である。

2　最高裁は，控訴審が述べている事情は，離婚請求を排斥する特段の事情とは認められないと判示しており，この点は，意見の分かれるところであろう。

32　8年の別居期間が相当長期間といえるか

【一　審】 東京地裁昭和63年6月20日判決（昭和62年㈉440号）（判タ
682号204頁）

【控訴審】 東京高裁平成元年4月26日判決（昭和63年㈱1939号）（判時
1317号82頁）

【上告審】 最高裁平成2年11月8日判決（平成元年㈱1039号）（判タ745
号112頁・判時1370号55頁）

事　案

　X（夫：原告，被控訴人，上告人）とY（妻：被告，控訴人，被上告人）
は，昭和33年5月に婚姻し，昭和36年6月長男，昭和39年4月二男が生
まれた。Xは昭和36年ころ独立して商売を始め，Yはその仕事を手伝って
いたが，商売のやり方について意見が異なり，口論が絶えなかった。そのた
め昭和44年ころYは手伝いをやめた。

　昭和56年夏ころXは，「一人になって暫く考えたい。疲れた。」と言って
別居し，当初2，3か月は週に2日位Y方に帰っていたが，その後はこれも
やめた。Xは，別居前からAと肉体関係があり，Yとの別居後にAと同棲す
るようになり，間もなくAとは別れたものの，Yや子供には自分の住所も明
かさなかった。

　Xは，Yに対して，昭和61年2月ころまで生活費を渡していたが，Yが
Xの名義の不動産に対して処分禁止の仮処分の執行をしたことに立腹して，
これを中止した。その後，婚姻費用分担の調停が成立し，昭和63年5月か
らは月20万円の婚姻費用を送金している。

　Xは，Yに対して本件離婚請求訴訟を提起した。

　控訴審の和解において，Xは，離婚に伴う財産分与として，Yが居住して
いるX名義の土地建物の処分代金から経費を控除した残金を折半し，抵当権
の被担保債務はXの取得分の中から弁済するとの案を提示している。

判　旨

1　一審は，Xは有責配偶者であると認定したが，Xの離婚請求を認容する
　ことが著しく社会正義に反するような特段の事情はないとして，Xの請求

を認めた。

2 控訴審は，約8年の別居期間は，23年余の同居期間，XとYの年齢（控訴審の口頭弁論終結時Xは52歳，Yは55歳）と対比した場合に，いまだXの有責配偶者としての責任とYの婚姻関係継続の希望とを考慮の外の置くに足りる相当の長期間ということはできないとして，一審判決を取り消し，Xの請求を棄却した。

3 上告審は，以下のとおり述べて，原判決を破棄し，高裁に差し戻した。
  「有責配偶者からの民法770条1項5号所定の事由による離婚請求の許否を判断する場合には，夫婦の別居が両当事者の年齢及び同居期間との対比において相当の長期間に及んだかどうかをも斟酌すべきものであるが，その趣旨は，別居後の時の経過とともに，当事者双方についての諸事情が変容し，これらのもつ社会的意味ないし社会的評価も変化することを免れないことから，右離婚請求が信義誠実の原則に照らして許されるものであるかどうかを判断するに当たっては，時の経過がこれらの諸事情に与える影響も考慮すべきであるとすることにある（最高裁昭和61年(オ)第260号同62年9月2日大法廷判決・民集41巻6号1423頁参照）。したがって，別居期間が相当の長期間に及んだかどうかを判断するに当たっては，別居期間と両当事者の年齢及び同居期間とを数量的に対比するのみでは足りず，右の点をも考慮に入れるべきものであると解するのが相当である。」「XとYとの別居期間は約8年ではあるが，Xは，別居後においてもY及び子らに対する生活費の負担をし，別居後間もなく不貞の相手方との関係を解消し，更に，離婚を請求するについては，Yに対して財産関係の清算についての具体的で相応の誠意があると認められる提案をしており，他方，Yは，Xとの婚姻関係の継続を希望しているとしながら，別居から5年余を経たころにX名義の不動産に処分禁止の仮処分を執行するに至っており，また，成年に達した子らも離婚については婚姻当事者たるYの意思に任せる意向であるというのである。そうすると，本件においては，他に格別の事情の認められない限り，別居期間の経過に伴い，当事者双方についての諸事情が変容し，これらのもつ社会的意味ないし社会的評価も変化したことが窺われるのである（当審判例（最高裁昭和62年(オ)第839号平成元年3月28日第三小法廷判決・裁判集民事156号417頁）は事案を異にし，本件に適切でない。）。」

キーポイント

　別居期間8年の事案で，有責配偶者からの離婚請求を認めるか否かについて，高裁と最高裁の判断が異なった事例である。

　最高裁判決が，別居期間中の双方の事情から，この間に婚姻の意味や評価が変容していると判断した点は注目に値する。特に，別居期間中に，夫が不貞関係を解消したこと，妻が夫名義の不動産処分禁止仮処分を執行したことが，重視されているようである。

33　別居の開始時期の認定

【一　審】　大阪地裁平成３年７月29日判決（平成元年(タ)62号）
【控訴審】　大阪高裁平成４年５月26日判決（平成３年(ネ)1726号）（判タ797号253頁）

事　案

Ｘ（夫：原告，控訴人）とＹ（妻：被告，被控訴人）は，昭和17年に婚姻し，長男（昭和18年生）と長女（昭和21年生）をもうけた。

Ｘは，昭和24年頃からＡと関係を持ち，Ａとの間に子Ｂが生まれ，認知した。

Ｘは，昭和63年に本離婚訴訟を提起し，予備的に離婚請求に付随してＸに支払を命ずる財産分与（１億5000万円を限度）を申し立てた。

判　旨

1　一審は，Ｘが調停申立て後，Ｙの大阪の自宅への出入りを一切止めたときからの別居期間３年は相当長期とはいえないとして，Ｘの請求を棄却した。

2　控訴審は，以下のように述べて，Ｘの離婚請求を認容した。

「Ｘは，昭和39年までは，Ａとの不貞関係を継続しながらも，Ｙとの約束に基づいて週末には必ず甲町の自宅に帰って生活しており，Ｙとの共同生活の実体は保たれていたものと認められる。しかしながら，Ｘが昭和40年に上京した際は，Ａ，Ｂのみを同伴し，その後は一貫して同女らとともに東京を本拠として生活しており，右事実によれば，Ｘは，昭和40年以降は，Ｙとの共同生活の意思を完全に喪失していたものと認められる。

もっとも，Ｘは，昭和40年以降も所用で大阪に来たときや正月には，Ｙの居住する甲町の建物に泊まり，その際には，ＹがＸの身の回りの世話をし，また，Ｘの母の法事も右建物で営まれたことは前記認定のとおりであるが，これはＸの大阪での事業や乙開発協議会等の会長としての活動のために地元に本拠を置いている体裁をとる必要があったこと，甲町の建物が自分の家であるとの意識が強かったことによるものであり，Ｙに対する愛情や同人との婚姻生活継続の意思によるものではないのであって，このこ

とは，Xが離婚の意思をYに対して明らかにし，大阪家庭裁判所に離婚を
求める調停申立てを行った後も調停期日出頭その他の用事で大阪に来たと
きは従前同様に甲町の建物に立ち寄り，宿泊していたことからも明らかで
ある。一方，Yにおいても，Xが甲町の建物を訪れた際に受動的に身の回
りの世話をするのみにとどまり，Xに対して夫婦としての共同生活の回復
を働きかけた形跡は全く窺われないことからすると，YもXと夫婦として
同居する生活を復活させることを断念し，婚姻共同生活を継続する意欲を
失っていたものと推察される。

　以上によれば，XとYとの婚姻関係は，昭和40年以降夫婦としての共同
生活の実体を欠き，その回復の見込みが全くない状態に至っていて，破綻
状態にあるものと認められ，婚姻を継続し難い重大な事由が存するものと
いうべきである。」

　「昭和40年以降別居状態と評価すべきものであり，別居期間は，当審口
頭弁論終結時において既に26年余に達しており，両当事者の年齢（Xが84
歳，Yが78歳）及び同居期間に比べて相当の長期間に及んでいるものとい
うべきである。また，両当事者間の子の長男及び長女は既に結婚して独立
し，未成熟の子はいない。そして，前示のとおり，Yも既にXとの婚姻共
同生活の継続の意思を失っていると認められること及び離婚後のYの生活
の保障についてXから相応の提案がなされており，従前の生活状況からみ
ても，離婚によってYの住宅や生活費に不自由をきたすことはないと考え
られること等の事情に照らすと，Yの本件離婚請求を許容することが著し
く社会正義に反するといえるような特段の事情は認められないというべき
である。」

キーポイント

　別居の始期について，一審と控訴審で大きく判断が異なった事案であ
る。控訴審は，夫の夫婦共同生活の意思，その実体から別居の有無を判
断しており，参考になる。

34　別居期間９年８か月の有責配偶者の妻からの離婚請求を認めた事案

【一　審】　浦和地裁熊谷支部平成２年５月25日判決（昭和62年(タ)４号）（家月46巻９号56頁）
【控訴審】　東京高裁平成３年７月16日判決（平成２年(ネ)2092号・3058号）（家月46巻９号44頁）
【上告審】　最高裁平成５年11月２日判決（平成３年(オ)1799号）（家月46巻９号40頁）

事　案

Ｘ（妻，昭和12年生：原告，控訴人，被上告人）とＹ（夫，昭和11年生：被告，被控訴人，上告人）は，昭和39年に婚姻し，両者間にはいずれも成人に達した長男（昭和40年生）と長女（昭和42年生）がいる。

Ｘは，昭和52年から料理教室を開き，帰宅が遅くなり，昭和55年頃から乙山と不貞行為を行った。昭和56年９月にＸが外泊をしたことを契機にＹと口論となり，Ｘは，子らを連れて家を出て別居した。

Ｘは，Ｙに対し，離婚と1000万円の財産分与を請求する本訴訟を提起した。

判　旨

1　一審は，ＸとＹの婚姻関係は昭和56年９月以降破綻したが，大きな破綻の原因はＸの不貞行為にあり，Ｘは，有責配偶者であるとして，８年余りの別居期間は，相当の長期間とまでは言えないとして，Ｘの請求を棄却した。

2　控訴審は，以下のように述べて，一審判決を取り消し，Ｘの離婚請求を認容し，Ｘに対しＹへの200万円の不貞行為による慰謝料の支払を命じた（財産分与は省略）。

「当審の口頭弁論終結時現在，Ｘは53歳，Ｙは54歳で，その婚姻関係は，17年２か月の同居期間に対し，別居期間は９年８か月に及んでいる上，二人の子は，ともに成年に達していて未成熟子ではなく，離婚には反対しておらず，婚姻関係の破綻についてはＹにも少なからず責任があり，Ｘと乙

山との不貞行為は約2年間で終わっていること，Yは，現在実母らと同居していて，Xとの離婚を拒否はしているものの，Yに婚姻共同生活を回復するについての積極的な意欲はうかがえず，全証拠によっても，離婚によって，Yが精神的・社会的・経済的に苛酷な状態におかれるとは認められないことに照らすと，Xの本件離婚請求は信義誠実の原則に反して許されないとはいえないというべきである。」

3　上告審は，Yの上告を棄却し，控訴審判決を維持した。

キーポイント

1　同居期間17年2か月，別居期間9年8か月の夫婦について，有責配偶者の妻からの離婚請求を認容した高裁判決である。

2　夫婦間に未成熟子はおらず，離婚により夫が精神的・社会的・経済的に苛酷な状態に置かれるとは認められないことから，妥当な判決であろう。

3　一審が，8年余りの別居期間を相当の長期間とは言えないとして，有責配偶者の離婚請求を棄却したことについては，議論が分かれよう。

35　高校2年の子がいる場合の有責配偶者からの離婚請求

【一　審】　大阪地裁堺支部平成4年4月30日判決（平成元年㈲24号）
　　　　　（家月46巻9号79頁）
【控訴審】　大阪高裁平成5年3月10日判決（平成4年㈱1271号）（家月
　　　　　46巻9号68頁）
【上告審】　最高裁平成6年2月8日判決（平成5年㈱950号）（家月46巻
　　　　　9号59頁・判タ858号123頁）

事　案

　X（夫：原告，控訴人，被上告人）とY（妻：被告，被控訴人，上告人）
は，昭和39年2月に婚姻し，昭和40年8月に長女，昭和42年8月に長男，
昭和45年7月に二男，昭和50年12月に三男がそれぞれ生まれた。Yは，
会社の経営に行き詰まり，昭和54年2月に家出をして行方をくらました。
そして，Yは，昭和56年ころAと知り合い，昭和58年にはAと同棲を始め
た。
　昭和63年9月に，Xに対して婚姻費用として毎月17万円等の支払を命ず
る審判がされ，その後Xは，Yに対して毎月15万円等を送金している。X
はYに対して民法770条1項5号に基づき本件離婚請求訴訟を提起した。

判　旨

1　一審は，未成熟子があり，別居後のXの婚姻費用の分担も十分でなく，
　離婚に際してのXの給付の申出も十分なものではないとして，Xの離婚請
　求を棄却した。
2　控訴審は，以下のように述べて，一審判決を取り消し，Xの離婚請求を
　認容した。
　「現在，Xは56歳，Yは54歳であり，双方の婚姻による同居期間が15年
であったのに対し，別居期間はすでに14年に及んでいること，4人の子の
うち3人まではすでに成人に達し，長女は既に婚姻するなど独立しており，
残る三男も未成年であるとはいえ，まもなく高校を卒業する年齢にまでは
達していること，昭和63年9月以降は，婚姻費用分担の審判の結果とはい
え，XからYに対し毎月15万円の生活費が継続して送られていることに加

え，離婚に伴う給付として，Xから具体的で相応の誠意ある提案がなされていて，Yが離婚によって精神的・社会的・経済的に極めて過酷な状態におかれるとまではいい難いこと，Xの所在が判明した後のYの対応は，離婚にはあくまで応じないとしながらも，Xやその同棲相手に対し執拗に威迫的な電話を掛けたり葉書を送ったりし，直接には夫婦間のいさかいに無関係な同棲相手の両親や前夫にまで害意のある電話を掛けるなどして，Xの嫌悪感情を増幅するような言動を取り続け，婚姻関係の回復を真摯に願っているとは受けとれない面のあること等の事情に照らすと，別居期間の経過に伴い，当事者双方についての諸事情が変容し，社会的意味ないし評価も変化したと認められるから，有責配偶者であるXからの本件離婚請求を認容することが著しく社会正義に反するとまではいえず，本件離婚の請求が信義誠実の原則に反して許されないということはできない。」

3　上告審も，以下のように述べて，Yの上告を棄却して原判決を維持した。

「有責配偶者からされた離婚請求で，その間に未成熟の子がいる場合でも，ただその一事をもって右請求を排斥すべきものではなく，前記の事情を総合的に考慮して右請求が信義誠実の原則に反するといえないときには，右請求を認容することができると解するのが相当である。」

「Yが今日までに受けた精神的苦痛，子らの養育に尽くした労力と負担，今後離婚により被る精神的苦痛及び経済的不利益の大きいことは想像に難くないが，これらの補償は別途解決されるべきものであって，それがゆえに，本件離婚請求を容認し得ないものということはできない。

そして，現在では，YとX間の4人の子のうち3人は成人して独立しており，残る三男Dは親の扶養を受ける高校2年生であって未成熟の子というべきであるが，同人は3歳の幼少時から一貫してYの監護の下で育てられてまもなく高校を卒業する年齢に達しており，XはYに毎月15万円の送金をしてきた実績に照らしてDの養育にも無関心であったものではなく，XのYに対する離婚に伴う経済的給付もその実現を期待できるものとみられることからすると，未成熟子であるDの存在が本件請求の妨げになるということもできない。」

キーポイント

1　婚姻による同居期間15年，別居期間14年の夫婦について，高校2年生の未成熟子がいる場合であっても，有責配偶者の夫からの離婚請求を認容した最高裁判決として重要である。

2　また，妻が離婚により被る精神的苦痛，経済的不利益は，離婚の可否とは別に解決すべきことを述べた点でも注目に値する。

36　別居期間20年以上の有責配偶者からの離婚請求を棄却した事案

【一　審】　東京地裁平成8年5月13日判決（平成7年㋟157号）（判時1602号97頁）
【控訴審】　東京高裁平成9年2月20日判決（平成8年㋨2604号）（判時1602号95頁）

事　案

　X（夫，大正8年生：原告，被控訴人）とY（妻，大正11年生：被告，控訴人）は，昭和23年2月に婚姻し，長男（昭和23年生）と二男（昭和29月生）をもうけた。

　Xは，Aと知り合い男女関係が生じた。Xは，昭和48年頃に福岡県に転勤し，そこにYも同居したが，昭和50年頃XとAとの関係が発覚し，Yは東京に帰り，それ以来XとYが同居したことはない。

　Xは，昭和51年頃から福岡県でAと同居し，事実上の夫婦として生活をするようになった。

　Xは，別居後も長男の結婚式，園遊会，二男の新居での新年会等には，Yと夫婦として出席し，また，Yに生活費の送金をしてきた。

　Xは，平成6年5月に離婚調停の申立てをしたが，不成立となったため，本件離婚訴訟を提起した。

判　旨

1　一審は，Yは昭和50年から一度もXと夫婦として同居しておらず，別居期間は21年間に及び，夫婦関係は破綻しているとして，Xの離婚請求を認容した。

2　控訴審は以下のように述べて，一審判決を取り消し，Xの離婚請求を棄却した。

　「Xは，これまでのYとの関係は，破綻した夫婦関係であり，他人同士の関係と同視すべきものであるという。たしかに，XとAとの同棲期間は，20年の長きにわたっている。しかしながら，右に認定した事実をもとに検討すると，XとYとの関係は，夫は赴任先において妻とは別の女性と同棲

し，妻も事実上これを認めているが，上京の度に夫は妻や子どもの住居へ帰り，そこにおいては夫とし，父として遇されており，夫婦共同生活は家庭的にも社会的にも従前同様に継続していて，両者の夫婦関係は，いまだ形骸化していないものと認められるのであり，この認定判断を左右するに足る証拠はない。」

「ＸとＹの夫婦関係は，問題を含みながらもそれなりに安定した関係として長期間継続してきたのであって，不貞のため有責である配偶者の離婚請求を正当とするほどの夫婦関係の長期間の形骸化の事実は認められない。

のみならず，Ｘが社会的活動に専念できたのは，Ｘの裏切りに耐え，Ｘの社会的立場に配慮し，Ｘに対する愛情を優先して対処してきたＹの貢献によるところが大きいというべきである。このようなＹの態度は，Ｘが社会的活動をするうえで好都合であり，ＸはＹの寛大な態度に甘えてきたということができるのであるが，Ｘが社会の第一線から身を引いた現在に至って，それなりに安定した関係となっているＹとの関係を離婚によって清算しようとするのは，身勝手な態度と評されてもやむをえないもので，Ｙに対する信義を著しく破るものといわざるを得ず，許容することができないものというべきである。」

キーポイント

1　別居期間が20年以上に及んでいる有責配偶者の夫からの離婚請求を，夫婦関係の長期間の形骸化の事実は認められず，妻に対する信義を著しく破るとして，棄却した高裁判決である。
2　高裁判決は，裁判官の個人的な思想信条がかなり出ており，これまでの有責配偶者の離婚請求に関する判例からは，やや逸脱しているといえようか。

37　未成熟子がいる別居期間13年の有責配偶者からの離婚請求を棄却した事案

【一　審】　千葉地裁平成 9 年 2 月18日判決（平成 8 年㈠36号）
【控訴審】　東京高裁平成 9 年11月19日判決（平成 9 年㈨933号）（判タ
　　　　　999号280頁）

事　案

　X（夫：原告，被控訴人）とY（妻：被告，控訴人）は，昭和53年に婚姻し，長男（昭和54年 6 月生）と二男（昭和58年 6 月生）をもうけた。
　Xは，他の女性と親密になって，昭和59年 9 月に家を出てYと別居し，その後13年間別居生活が続いている。
　Xは，Yに毎月25万円の送金をしているが，Yは，それから家賃負担を控除すると残額は10万円に満たず，実家から月20数万円の援助を受けている。

判　旨

1　一審は，Xの離婚請求を認容した。
2　控訴審は以下のように述べて，一審判決を取り消し，Xの離婚請求を棄却した。
　「Xは，いわゆる有責配偶者であるところ，有責配偶者からの離婚請求で，その間に未成熟の子がいる場合でも，ただその一事をもってその請求を排斥すべきものではなく，その有責性の程度，婚姻関係の継続への努力の程度，相手方配偶者の婚姻継続についての意思，離婚を認めた場合の相手方配偶者や未成熟の子に与える精神的・経済的影響の程度，未成熟子が成熟に至るまでに要する期間の長短，現在における当事者，殊に有責配偶者が置かれている生活関係等諸般の事情を総合考慮して，その請求が信義誠実の原則に反するとはいえないときは，その請求を認容することができるものと解すべきである。しかしながら，前示の事情，殊にXの有責性の程度，婚姻関係の維持への努力の欠如，未成熟の子供達が成熟に至るまでに要する時間を総合考慮すると，Xからの本件離婚請求は，未成熟の 2 人の子供達を残す現段階においては，いまだなお，信義誠実の原則に照らし，

137

参考裁判例：有責配偶者の離婚請求

これを認容することは相当でないものというべきである。」

キーポイント

1　高校3年生の長男と中学2年生の二男の未成熟子がいることを，離婚請求棄却の理由とした高裁判決である。
2　婚姻同居期間6年，別居期間13年であり，別居期間が相当長期に及んでいることは明らかである。
3　夫の離婚請求が信義誠実の原則に反しないと認定されるためには，適正な婚姻費用額の確定，離婚後の養育費の負担についての，夫の提案等が必要であったと思われる。

38　別居期間6年の有責配偶者からの離婚請求

【一　　審】　東京地裁平成13年4月3日判決（平成12年㈢376号）（家月55
　　　　　　巻5号160頁）
【控訴審】　東京高裁平成14年6月26日判決（平成13年㈩5675号）（家月
　　　　　　55巻5号150頁・判時1801号80頁）

事　　案

　X（夫，昭和25年8月生：原告，控訴人）とY（妻，昭和26年12月生：
被告，被控訴人）は，昭和49年5月に婚姻し，昭和49年12月に長男，昭
和54年1月に二男が生まれた。

　Xは会社員で，Yは外国人相手の日本語学校の教師をしている。

　平成2，3年ころ，外国人男性の妻から，Yとその外国人男性が交際して
いるので，Xに指導・監督して欲しいと言われたこと等があり，XはYが外
国人男性と親密な関係にあるのではないかと疑念を抱くようになった。

　一方，Xは，Aと親密な関係になり，平成8年3月ころ家を出てYと別居
し，そこにAが訪ねてくる生活になったが，週に1回は自宅に帰宅していた。

　Xは，平成9年3月ころからはAと同棲し，自宅へも帰らなくなった。

　平成12年1月，Xは離婚を求める調停申立てをしたが，同年5月，調停
は不成立となった。

　XはYに対して民法770条1項5号に基づき本件離婚請求訴訟を提起し
た。

判　　旨

1　一審は，XとYとの婚姻はもはや修復が困難であるとまでは認められな
　いから，破綻状態にあると評価することはできないとして，Xの離婚請求
　を棄却した。

2　控訴審は以下のように述べて，一審判決を取り消し，Xの離婚請求を認
　めた。

　　「XとYとは，もともと会話の少ない意思の疎通が不十分な夫婦であっ
　たところ，Yと外国人男性との不倫疑惑で夫婦の溝が大きく広がり，更に
　XがAと婚姻外の男女関係を続けた中で互いに夫婦としての愛情を喪失し

て別居に至ったもので，別居後既に6年を超えているところ，その間夫婦関係の改善は全くみられずXの離婚意思は極めて強固であることが明らかであって，XとYとの婚姻関係は完全に破綻し，今後話合い等によってこれを修復していくことは期待できないものと認められる。」

「Xは有責配偶者であると認められるが，別居期間は平成8年3月から既に6年以上経過しているところ，Xら夫婦はもともと会話の少ない意思の疎通が不十分な夫婦であって，別居前もYと外国人男性との交遊に夫であるXの側からみて前記のような疑念を抱かせるものがあり，そのころから夫婦間の溝が大きく広がっていたこと，二子とも成人して大学を卒業しているなど夫婦間に未成熟子がいないこと，Yは甲田学校に勤務して相当の収入を得ているところ，Xは離婚に伴う給付としてYに現在同人が居住している自宅建物を分与し同建物について残っているローンも完済するまで支払続けるとの意向を表明していることなどの事情に鑑みると，その請求が信義誠実の原則に反するとはいえない。」

キーポイント

1　婚姻関係が破綻しているか否かについて，一審と控訴審で判断が異なった事案である。
2　婚姻期間約28年，別居期間約6年の事案について，有責配偶者からの離婚請求を認めた事例として参考になる。

39 再度提起された有責配偶者からの離婚請求を認容した事案

【一　審】　那覇地裁沖縄支部平成15年1月31日判決（平成13年(タ)11号）
　　　　　　（判タ1124号244頁）
【控訴審】　福岡高裁那覇支部平成15年7月31日判決（平成15年(ネ)45号）
　　　　　　（判タ1162号245頁）

事　案

　X（夫：原告，被控訴人）とY（妻：被告，控訴人）は，平成2年に婚姻し，長女（平成2年生），二女（平成5年生）をもうけた。

　Xは，医師であるが，平成5年ころ女性と不貞行為をなした。

　XとYは，平成5年12月から別居し，平成6年3月から同居したが，同年7月には再度別居して，以後別居状態が続いた。

　平成10年に，婚費等の調停が成立し，Xは，婚費年額480万円を支払い，X名義のマンションをYと子らに無償で使用させている。

　Xは，平成9年から別の女性Bと同居し，平成11年に同人との間に子Cが生まれた。

　Xは，平成10年10月に離婚訴訟を提起し，一審は，Xの請求を認めたが，平成12年7月控訴審はXの請求を棄却する判決を下した。

　Xは，平成13年8月に，再度本離婚訴訟を提起した。

判　旨

1　一審は，Xの請求を認容した。

2　控訴審も，以下のように述べて，Xの離婚請求を認めた。

　「XとYが最終的に別居したのは平成6年7月であり，当審口頭弁論終結時まで，8年10か月が経過している。そして，XとYの婚姻期間は，当審口頭弁論終結時まで約13年間であるが，同居期間は約3年11か月であるのに対して，別居期間は通算して9年1か月に及んでいる。Yの主張する平成6年7月ころの同居期間は僅か8日程度であって，上記認定を左右するものではない。ちなみに，XとBの同居期間は，既に5年7か月に及んでいて，XとYの同居期間を超えている。」

「離婚請求を棄却し，ＸとＹとの間の実質を伴わない形骸化した形式だけの夫婦関係を維持したところで，Ｘと２人の子の現実の生活上の父子関係を回復できるわけではなく，かえって，夫婦間の葛藤，緊張が子の福祉に悪影響を及ぼす危険があって，弊害の方が大きく，離婚請求を認容しても，それが子に与える精神的打撃については対処可能であり，実質的な父子関係を維持して行くことも可能であり，Ｘもその意思であり，かつ，Ｘのこれまでの現実の行動を見ると今後もそれが継続されることが期待できると認められ，その弊害は対処可能であると解されるから，離婚請求を認容した場合，子の福祉が害されるとはいえないと認められる。」

キーポイント

1 前訴から約１年で再度提起された有責配偶者の夫からの離婚請求を認容した事案である。

2 控訴審判決時（口頭弁論終結時は不明のため）に，12歳，10歳の子がいるにもかかわらず，有責配偶者の離婚請求を認容した事例として重要である。

3 夫がかなり高額の婚姻費用等を支払っていること，同居女性との間に子が生まれていることが重視されたと思われる。

40　別居期間９年の有責配偶者からの離婚請求

【一　審】 福岡地裁平成15年10月24日判決（平成14年㈵175号）（家月58巻１号96頁）
【控訴審】 福岡高裁平成16年８月26日判決（平成15年㈷957号）（家月58巻１号91頁）

事　案

Ｘ（夫：原告，控訴人）とＹ（妻：被告，被控訴人）は，昭和48年12月に婚姻し，昭和50年に長女，昭和57年に長男が生まれた。

Ｘは，婚姻前に交際のあったＣと再会し，平成６年８月ころには，同人と男女関係を有するに至り，Ｘは，平成６年６月に福岡への転勤のために単身赴任して以来，Ｙとの別居生活が継続している。

Ｘは，Ｙに対して，平成12年４月に，離婚を求める訴訟（前訴）を提起したが，同年11月に，Ｘを有責配偶者と認定し，Ｘの請求を棄却する判決が下され，同判決は確定した。

Ｘは，平成14年11月に，再度離婚を求める本件訴訟を提起した。

判　旨

1　一審は，Ｘの離婚請求はなお信義則に反するとして，棄却した。

2　控訴審も，以下のように述べて，控訴を棄却し，一審判決を維持した。

「当裁判所としては，有責配偶者であるＸからの離婚請求が認容されるか否かを，専ら前訴の口頭弁論終結（平成12年10月31日）後に新たに生じた事情により判断することとする。

（中略）

ア　Ｘは未だにＣと同居しておらず，１か月に１回程度，それぞれの家を行き来するにとどめている。また，依然，ＸとＣとの間に婚外子はない。

もっとも，Ｃの勤務先の破綻等を契機に同人の収入が減少したことを受け，同人及び同人が養育に当たっている大学生の娘の生活を援助する意味で，平成13年ごろから毎月10万円ずつ，平成15年８月以降は同15万円ずつ，Ｃに送金するようになった。

イ　当事者間の長男は，その後高校を卒業し，１浪して，平成14年４月に

大学に入学した。現在もYと肩書地で同居している。

ウ　現在のYの給与（パート）収入は，月額約7万円である。これとXから支払われる月額20万円（毎年7月と12月に各30万円を加算）の婚姻費用分担金により生計を維持している。

　　なお，Xは，上記婚姻費用とは別に，長男の大学授業料等を任意に支払っている。

エ　Xは，いまやYとの同居生活を再開する意思を全く持っておらず，Cとの婚姻を志向し，その前提としてYとの離婚を強く望んでいる。そして，Xは，離婚に伴う給付として合計800万円を支払うとの提案をするとともに，経済的に可能な範囲内での増額にも応じる意向である。

　　一方，Yは，Xとの同居を再開することを通じて家族としての生活を取り戻したいとの理由から離婚を拒み続けている。」

「前記認定のとおり，当事者間の婚姻関係が既に破綻してしまっている状況下においては，YがXの帰ってくるのをなお待ち続けるというのはいささか非現実的であるとの感を否めず，当事者双方の再出発という観点からは疑問なしとしない。しかも，前訴判決時には高校3年生（18歳）で，大学受験を控えていた長男も今では成人して大学に在学中であること，その授業料等をXが負担していることなどの事情に照らすと，もはやXとYとの離婚が子の福祉に重大な影響を与えるともいい難い。

　しかし，既に認定・判断したとおり，両者の婚姻関係が決定的に破綻した直接の原因はXの不貞にあるところ，当審口頭弁論終結時（平成16年6月29日）までの別居期間は，XがYに対して初めて離婚を切り出した平成6年11月から起算して約9年余であるのに対し，同居期間が約21年間に及ぶことや双方の年齢等も考慮すると，別居期間が相当の長期間に及ぶとまで評価することは困難である。さらに，XとCとの間に子がいないことに加え，XとCとの交際の実態等に照らすと，Xの離婚請求を認めた上で，Cとの間の新たな婚姻関係を形成させなければならないような緊急の要請もないものといわなければならない。他方，Yは，Xから支払われる婚姻費用によって，ようやく生活を維持できている状態にあるというほかはなく，その職歴，年齢等に照らすと経済的に自立できる程度の職業に就ける見通しも乏しいから，Yが離婚によってたちまち経済的に困窮する事態に追い込まれることは，容易に予測されるところである。さらに，離婚に伴

う給付としてＸが提案する内容も，前記事実関係の下においては，なお十分であるとはいい難い。

　してみると，Ｘによる本件離婚請求は，信義誠実の原則に照らし，なお容認することはできないといわなければならない。」

キーポイント

1　有責配偶者の夫が前訴から２年後に再度提起した離婚訴訟について，同居期間約21年，別居期間約９年，夫婦の年齢（一審口頭弁論終結当時夫55歳，妻54歳）等も考慮すると別居期間が相当長期に及ぶとまではいえない等として，離婚請求を認めなかった事案である。

2　再度の離婚訴訟の場合には，原則として前訴の口頭弁論終結後の事情により判断するとした点は，ほぼ確定した考えである。

　本件のような事例の場合には，裁判所により判断が分かれると思われる。

41　別居期間2年4か月，7歳の子がいる場合の有責配偶者からの離婚請求

【一　審】　広島地裁平成15年6月27日判決（平成14年(タ)52号）
【控訴審】　広島高裁平成15年11月12日判決（平成15年(ネ)307号）
【上告審】　最高裁平成16年11月18日判決（平成16年(受)247号）（家月57巻5号40頁・判時1881号90頁）

事　案

　X（夫：原告，控訴人，被上告人）とY（妻：被告，被控訴人，上告人）は，平成6年12月に婚姻し，平成8年3月に長男が生まれた。

　Xは税務署に勤務しており，Xは，遅くとも平成12年7月ころには，Aと性関係にあったものと推認され，平成12年10月初めころ，Xは，突然Yに対して「好きな人がいる，その人が大事だ」「二馬力で楽しい人生が送れる」「女の人を待たせている」などと言って，離婚を申し入れた。

　その後XとY間にほとんど会話がなくなり，Xは平成13年6月に家を出て一人暮らしを始め，以後別居生活が続いている。

　Xは，別居後Yに対し，毎月生活費として8万円を送金している。

　Xは，Yに対して民法770条1項5号に基づき本件離婚請求訴訟を提起した。

判　旨

1　一審は，XとYとの婚姻関係は破綻しておらず，Xの離婚請求は有責配偶者からの離婚請求であり許されないとして，Xの離婚請求を棄却した。
2　控訴審は，一審判決を取り消し，XとYとの婚姻関係は既に破綻しており，有責配偶者からの離婚請求ではあるが，以下のように述べて，Xの請求を認容した。
　　「Yは，かなり極端な清潔好きの傾向があり，これをXに強要するなどしたYの前記の生活態度には問題があったといわざるを得ず，Yにも婚姻関係破たんについて一端の責任がある。これに加えて，上記のとおり，YとXとは互いに夫婦としての情愛を全く喪失しており，既に別居生活を始めてから約2年4か月が経過していること，その間，Y，X夫婦間には家

族としての交流もなく，将来，正常な夫婦として生活できる見込みもない
こと，Yの両親は健在であり，経済的にも比較的余裕があること等の点を
考慮すると，Xが不貞に及んだことやYが子宮内膜症にり患しているため
就職して収入を得ることが困難であることを考慮しても，Xの離婚請求を
信義誠実の原則に反するものとして排斥するのは相当ではないというべき
である。」

3　上告審は，以下のように述べて，原判決を破棄し，Xの控訴を棄却した。
　「①YとXとの婚姻については民法770条1項5号所定の事由があり，X
は有責配偶者であること，②YとXとの別居期間は，原審の口頭弁論終結
時（平成15年10月1日）に至るまで約2年4か月であり，双方の年齢や同
居期間（約6年7か月）との対比において相当の長期間に及んでいるとは
いえないこと，③YとXとの間には，その監護，教育及び福祉の面での配
慮を要する7歳（原審の口頭弁論終結時）の長男（未成熟の子）が存在す
ること，④Yは，子宮内膜症にり患しているため就職して収入を得ること
が困難であり，離婚により精神的・経済的に苛酷な状況に置かれることが
想定されること等が明らかである。

　以上の諸点を総合的に考慮すると，Xの本件離婚請求は，信義誠実の原
則に反するものといわざるを得ず，これを棄却すべきものである。」

キーポイント

1　最高裁が，三要件アプローチにより，同居期間約6年7か月，別居
期間約2年4か月，7歳の子がいる場合に有責配偶者からの離婚請求
を棄却した事案である。
2　最高裁の判決は妥当であるが，高裁判決が，このような事案であっ
ても離婚請求を認容していること，特に未成熟子の存在に全く言及し
ていないことが注目される。

42　障害のある成人に達した子がいる場合の有責配偶者からの離婚請求

【一　審】　東京地裁八王子支部平成17年10月28日判決（平成15年(タ)150号）

【控訴審】　東京高裁平成19年２月27日判決（平成17年(ネ)5702号）（判タ1253号235頁）

事　案

　X（夫：原告，控訴人）とY（妻：被告，被控訴人）は，昭和58年７月に婚姻し，昭和59年２月に長男が生まれた。長男は，出産時から肢体麻痺の障害を負い，現在も両手両足が不自由な状態にあり，１級の身体障害者である。

　平成９年頃から，Xは，丙山と交際をなした。

　Xは，平成９年５月に，家を出て実家に転居し，別居した。

　Xは，Yに対して民法770条１項５号に基づき本件離婚請求訴訟を提起した。

判　旨

1　一審は，Xの離婚請求を棄却した。

2　控訴審は，XとYとの婚姻関係は本件口頭弁論終結の時点では既に破綻しており，Xを有責配偶者であると認定した上で，次のように述べて，Xの控訴を棄却した。

　「本件においては，上記認定のとおり，XとYの別居期間は既に９年を超えており，同居期間（約14年間）に対比しても相当長期間に及んでいる。また，XとYはいずれも54歳に達しており，XとY間の唯一の子である長男は平成16年２月に成年に達し，その後大学も卒業している。

　しかし，長男が，着替え，食事，入浴等の日常生活全般にわたり介護が必要な状況にあることは（略）認定のとおりであり，このような長男の状況に照らすと，長男は実質的には未成熟の子と同視することができるというべきである。

　そして，Yが長男の日々の介護を行っていることも（略）認定のとおり

であり，Yが就業して生活に必要な額の収入を得ることは困難な状況にある。」

「このような状況を総合的に考慮すれば，XとYの離婚は長男の今後の介護・福祉等に一層の困難を生じさせ，離婚によりYが精神的・経済的に極めて過酷な状況に置かれるものというべきである。本件離婚請求を認容することは著しく社会正義に反し，本件請求は，信義誠実の原則に照らし認容することができないものというべきである。」

3 上告審は，Xの上告を棄却した。

キーポイント

1 有責配偶者の離婚請求の可否について昭和62年最判の三要件アプローチを引用し，成人に達している障害者の長男を未成熟子と認定して，夫の離婚請求は信義則に反し許されないとした高裁判決である。

2 障害がある子の場合には，永久に未成熟子と見られる可能性がある。このような場合に，どのような事情があれば有責配偶者の離婚請求を認容できるかは課題として残る。

43 未成熟子がいる有責配偶者からの離婚請求が認容された事案

【一　審】　大阪家裁平成18年8月30日判決（平成17年（家ホ）620号）（判タ1251号316頁）

【控訴審】　大阪高裁平成19年5月15日判決（平成18年（ネ）2622号）（判タ1251号312頁）

事　案

X（夫：原告，控訴人）とY（妻：被告，被控訴人）は，昭和61年に婚姻し，長男（昭和63年生）及び二男（平成2年生）の2人の子をもうけた。

Xは，平成2年9月から，丙山と男女の関係を持ち，平成6年5月に自宅を出て，Yや子らと別居した。

Xは，平成11年7月から丙山と同居した。

Xは，平成14年1月に離婚訴訟（前件離婚訴訟）を提起したが，平成15年3月に，Xの離婚請求を棄却する判決が確定した。

Xは，平成17年11月に，再度本離婚訴訟を提起した。

判　旨

1　一審は，Xの請求を棄却した。

2　控訴審は，以下のように述べて，一審判決を取り消し，Xの請求を認容した。

「当裁判所は，XとYの婚姻がXの不貞行為によって破綻し婚姻を継続し難い重大な事由があると認められるところ，当分の間別居生活を続ける旨の調停が成立した後約13年の別居期間が経過しようとしており，子らはいずれも高校生に成長し，当審における家庭裁判所調査官の事実調査の結果からも経済的な面を別とすれば離婚によって大きな影響を受ける可能性は低いこと，これを踏まえて当審で合意された一部和解において，Xが離婚慰謝料150万円及び二男の大学進学費用150万円の各支払を約束し債務名義が作成されていることなどの事情をも考慮すれば，現時点においては，破綻の経緯やその後の事情等を十分考えに入れたとしても有責配偶者であるXの本件離婚請求を信義誠実の原則に反するものとして棄却すべき理由

はないものと判断する。」

「当分の間別居生活を続ける旨の調停が成立した後約13年の別居期間が既に経過しようとしており，別居後，Xが丙山との間で既に約8年，内縁関係ともいえる同居を続けているのに対し，婚姻後の同居期間は約8年（約2年の家庭内別居の期間を含む。）にとどまり，XとYはともに46歳に達し，子らも高校生になっていることなどからすると，婚姻関係を破綻させたXの責任及びこれによってYが被った精神的苦痛や前件離婚訴訟で詳細に認定されている生活の苦労などの諸事情や，さらには前件離婚訴訟の確定後の期間等の点を考慮しても，今日においては，Yの婚姻継続の意思及び離婚による精神的・経済的・社会的影響などを重視して，Xの離婚請求を信義誠実に反するものとして棄却するのは相当でない。」

キーポイント

1　別居期間約13年，18歳と16歳の未成熟子がいる事案で，控訴審において，離婚した場合の子の監護の影響について家庭裁判所調査官による調査をし，また，慰謝料及び養育費（大学進学費用）の支払について一部和解をした上で，有責配偶者の離婚請求を認めた判決である。

2　未成熟子がいる場合の有責配偶者の離婚請求事件の解決方法として，参考になると思われる。

3　本判決については，人訴事項については慎重な判決手続によって審理及び裁判を行うのが相当であるとして，家庭裁判所調査官による事実の調査（人訴法34条1項）の対象とはならないとの批判がある（中山直子「平成19年度主要民事判例解説」別冊判タ22号140頁）。

44　別居期間14年以上の有責配偶者からの離婚請求が棄却された事案

【一　審】　東京家裁平成19年8月31日判決（平成17年（家ホ）931号・平成18年（家ホ）325号）（家月61巻5号55頁）

【控訴審】　東京高裁平成20年5月14日判決（平成19年㈱4807号・5121号）（家月61巻5号44頁）

事　案

　X（夫：原告，被控訴人）とY（妻：被告，控訴人）は，昭和53年に婚姻し，長女（昭和54年生），長男C（昭和58年生），二男（昭和61年生）の3人の子をもうけた。

　平成5年にYは，離婚調停を申し立てたが，同調停は不成立となり，Yは，同年家を出て別居した。

　Xは，平成17年にYに対し，離婚調停の申立てをしたが，不成立になり，本件離婚訴訟を提起した。

判　旨

1　一審は，以下のように述べて，Xを有責配偶者と認定した上で，Xの離婚請求を認容し，慰謝料500万円，扶養的財産分与504万円の支払を命じた。

　「Yは婚姻当初からXの母からの嫌がらせに悩まされ，昭和54年×月ころに家を出たがXらの謝罪により帰ったものの，その後も同様の状態は続き，昭和58年×月に長男が障害を持って出生した後は，X及びXの母の長男に対する冷たい姿勢に悩まされた末に，平成6年×月に家を出たものであって，さらにその後もXらはYの自宅への出入りを許さないなどしていたことから，両者の関係は修復することなく，破綻したものである。したがって，XとYとの婚姻関係破綻の原因は，主として，このようなXのYや長男に対する姿勢にあったものであり，Xは有責配偶者であるというべきである。」

2　控訴審は，以下のように述べて，一審判決を取り消し，Xの請求を棄却した。

　「Xは，平成5年×月に別居を始めて以来，同17年×月に婚姻費用分担

に関する調停が成立するまで，Yに対して，婚姻費用として何らの金銭給付も行っていないところ，Yは，現在，資産も，安定した住居もなく，Xから給付される月額14万円の婚姻費用分担金を唯一の収入として長女方に寄宿して生活しているものであり，高齢に加えて，更年期障害，腰痛及び抑うつ症の疾病を患い，新たに職に就くことは極めて困難なものとうかがわれ，仮にXからの離婚請求が認容された場合には，Xから婚姻費用分担金の給付を受けることができなくなり，経済的な窮境に陥り，罹患する疾病に対する十分な治療を受けることすら危ぶまれる状況となることが容易に予想されるところである。加えて，長男であるCについては，生まれつきの身体的障害に加えて，その後の生育状況に照らし，Yがその生活について後見的な配慮を必要と考えるのも，無理からぬ点がある。この点，Xは甲39の陳述書の末尾においてCの処遇に関する決意を記載しているが，XのCに対する従来の態度が愛情を欠き，Cに対する金銭的援助を一切拒絶していることに照らせば，離婚請求が認容されれば，XとCとの間で実質的な親子関係を回復することはほとんど不可能な状態となることは，Yの危惧するとおりであり，経済的，健康面において不安のあるYにおいて，独力でCの生活への援助を行わざるを得ないことになれば，Yを，経済的，精神的に更に窮状に追いやることになるものである。

　Xは，当審において，離婚に際して，1204万8000円（原判決の認容した1004万円の2割増）の金員支払を提示しているが，この点を考慮しても，離婚を認容したときにYが上記のような窮状に置かれるとの認定は左右されるものではない。

　そうすると，本件において，Xの離婚請求を認容するときは，Yを精神的，社会的，経済的に極めて苛酷な状態に置くこととなるといわざるを得ないから，Xの離婚請求を認容することは著しく社会正義に反するものとして許されないというべきである。」

3　控訴審判決は上告不受理により確定した。

参考裁判例：有責配偶者の離婚請求

キーポイント

1　夫の妻や障害のある長男に対する嫌がらせや冷たい態度から婚姻破綻したとして，夫を有責配偶者と認定した事案である。

2　控訴審は，妻が経済的に苦境に陥ること，成人に達しているが障害のある長男への後見的配慮が必要であること等から，同居期間約16年，別居期間約14年の場合で，一審判決を取り消して，有責配偶者の夫からの離婚請求を棄却した高裁判決である。

3　別居期間が約14年と長期であること，妻は別居後に自分から離婚調停の申立てをしたことがあること，長男は所在も明らかではなく，妻が監護をしなければならない状態でないことから，控訴審判決については，疑問があると言えよう。

45　重度の障害を負う子の介護等を理由に有責配偶者からの離婚請求が棄却された事案

【一　審】　徳島家裁平成21年11月20日判決（平成20年(家ホ)45号）（判タ1370号202頁）

【控訴審】　高松高裁平成22年11月26日判決（平成21年(ネ)438号）（判タ1370号199頁）

事　案

　X（夫：原告，被控訴人）とY（妻：被告，控訴人）は，昭和59年に婚姻し，長女（昭和60年生）をもうけた。

　長女には，出生時から先天性心疾患，先天性両脛骨欠損，右多合指症等の障害があり，常時介護が必要な状態である。

　Xは，医師であるが，平成15年頃から乙川と交際をなし，平成16年5月にYと別居した。

　Xは，平成20年7月，本件離婚訴訟を提起した。

判　旨

1　一審は，Xを有責配偶者と認定した上で，Xの離婚請求を認容した。

2　控訴審は，以下のように述べて，一審判決を取り消し，Xの請求を棄却した。

　「YとXとの別居期間は，Xが甲野病院を退院した後も自宅に戻らなかった平成15年2月末日から口頭弁論終結時である平成22年8月17日に至るまで約7年5か月であり，双方の年齢（口頭弁論終結時においてX・Yともに52歳）や同居期間約19年（なお，別居期間の起算点としては甲野病院を退院後も自宅に戻らず甲野病院に止まった時点とみるべきである。）に照らして必ずしも相当の長期間に及んでいるものではない。また，XとYとの間には，成人ではあるものの，複数の障害により24時間の付添介護が必要である長女が存在しており，長女はその状況からすれば，上記未成熟子あるいはこれに準じるものというべきである。」

　「長女の介護は，これまでYとその実母によって行われてきたところ，同人自身が高齢になってきており，近い将来，これまでと同様に長女の介

護を行うことが困難になることが予想され，介護士等の第三者に賃金を支払って長女の介護を行わなければならない事態も多分に想定されることからすると，従前の婚姻費用額よりも多額の生活費が必要になることも考えられるところである。また，Ｘの提案が信用できるものであるとしても，時の経過によって，ＹとＸ及び長女を取り巻く環境の変化が生じ得ることや，Ｘの提案内容について永続的にその実現を保障する手だては講じられていないことを考慮すると，Ｘが，離婚後も長女の父親として扶養する義務を負うとしても，将来的にＸとＹの離婚により，Ｙが経済的に過酷な状況に置かれる可能性を否定することはできない。

　また，精神的な影響についてみると，Ｘの不貞行為により，見知らぬ土地で，重い障害を抱えた長女の介護に明け暮れながら築いた家庭を失うことになったＹの精神的な苦痛は察するに余りある上，離婚後，Ｘは，乙川と婚姻して新家庭を築くことを考えていることからすると，Ｘが離婚後も長女の父親であることは変わりがないとしても，Ｙにおいて，Ｘに対し，長女の介護についてこれまでと同様の負担を求めることが事実上困難になることも考えられるところであって，さらに，上記のとおり，現在，Ｙとともに長女の介護を行っているＹの母の協力が，近い将来に得られなくなることが予想されること等の事情に鑑みれば，Ｙは，離婚によって，長女の介護に関する実質的な負担を１人で抱え込むことになりかねず，離婚によって精神的に過酷な状況に置かれることも想定されるところである。

　以上の諸点を総合的に考慮すると，Ｘの本件離婚請求は，未だ信義誠実の原則に反しないものということはできず，これを棄却すべきものである。」

3　控訴審判決は，上告棄却，上告不受理により確定した。

キーポイント

1　重度の障害のある成人に達している長女の介護の負担を主な理由として，有責配偶者の夫の離婚請求を棄却した控訴審判決である。
2　この長女が，昭和62年最判が述べる「未成熟子」に該当することは，ほぼ争いがないであろう。

　　しかし，本件のような障害のある子の場合には，時間が経過しても未成熟子でなくなることはないと思われる。

　　このような場合に，未成熟子の存在を理由に，いつまで有責配偶者である夫の離婚請求を信義則違反として棄却するのかは，問題となろう。

46　別居期間9年4か月の有責配偶者からの離婚請求が棄却された事案

【一　審】　仙台家裁平成25年1月28日判決（平成23年(家ホ)65号）
【控訴審】　仙台高裁平成25年12月26日判決（平成25年(ネ)95号）（家庭の法と裁判1号111頁・判タ1409号267頁）

事　案

　X（夫：原告，被控訴人）とY（妻：被告，控訴人）は，昭和60年に婚姻し，長男（昭和62年生），長女（平成元年生），二男（平成4年生）の3人の子をもうけた。

　Xは，平成14年から16年にかけて不貞行為をし，平成16年にYと別居した。

　Xは，平成16年にYに対し，離婚訴訟を提起したが，請求は棄却された。

　Yは，Xに対し数回にわたり婚姻費用分担，増額の調停，審判の申立てをなし，平成24年には，月額28万円の婚姻費用分担の審判が確定した。

　Xは，婚姻費用の支払を遅滞したため，平成25年にXの給料債権差押命令が下された。

　Xは，Yに対して本件離婚訴訟を提起した。

　なお，Xは，控訴審において，離婚給付として，合計1000万円を支払うとして，うち250万円は一括で，残り750万円は毎月20万円の分割で支払うと提示していた。

判　旨

1　一審は，Xの離婚請求を認容した。

2　控訴審は，以下のように述べて，一審判決を取り消し，Xの請求を棄却した。

　「前記事実関係によれば，XとYは，平成16年×月から約9年4か月以上にわたり別居し，その間，Xから本件を含め2度の離婚訴訟が提起されていることなどに照らし，婚姻関係は修復される見込みがなく完全に破綻していると認められる。」

　「Xは，平成14年暮れころからFと不貞関係を結び，これを契機として

平成16年×月に自宅を出てYと別居し現在に至っており，婚姻関係破綻は専らXに責任があって，その有責性が高いこと，他方，YはXとの婚姻関係を修復してこれを継続したいと望んでいること，また，Yは，うつ病に罹患して思うような稼働ができない状態にある上，（略）少なくない負債を抱え，同居して養っている二男がまだ大学生で社会人となるには少なくとも1年以上を残していること，XにはYとの離婚を早急に成立させなければならないような切迫した事情は見当たらないことのほか，YとXの別居期間が約9年4か月であるのに対し，両名の婚姻後の同居期間が約18年6か月に及び，また，現在，Xは51歳（別居当時41歳）で，Yは52歳（同43歳）であり，別居期間が同居期間や各自の年齢に比して相当の長期間に及んでいるとまでは認められないこと，そして，XがYに提示する前記のような金銭的給付については，Xが相当程度の収入を得ながら確定審判により支払を命ぜられた婚姻費用の支払をせず，そのためYはXの給与の差押えにまで及んでいることに照らすと，Xが給付を約束する将来支払分の履行に不安が残るといわざるを得ないこと，このような状況の下で，Yは，Xと離婚した場合，その心身などの状態や経済状態からして，精神的・社会的・経済的に極めて苛酷な状況に置かれると推察されることを総合考慮すると，いわゆる有責配偶者であるXからの本件離婚請求は，信義誠実の原則に照らし許されないといわざるを得ない。」

3　控訴審判決は，上告棄却，上告不受理により確定した。

キーポイント

1　同居期間約18年6か月，別居期間約9年4か月の場合で，一審判決を取り消して，有責配偶者の夫からの離婚請求を棄却した高裁判決である。

2　妻がうつ病で稼働できないこと，夫が婚姻費用の支払をしなかったことから離婚給付の履行に不安が残ることが大きく影響したと見られる。

3　いずれにしても，この事案はボーダーケースであろう。

47　2人の未成熟子がいる有責配偶者の妻からの離婚請求が認容された事案

【一　審】　横浜家裁平成25年12月24日判決（平成25年（家ホ）103号）（判時2237号55頁）

【控訴審】　東京高裁平成26年6月12日判決（平成26年（ネ）489号）（判時2237号47頁）

事　案

X（妻，フランス国籍：原告，控訴人）とY（夫，日本国籍：被告，被控訴人）は，日本において平成17年6月に婚姻し，長男（平成19年生）及び長女（平成21年生）の2人の子をもうけた。

Xは，平成23年10月にBと交際し，平成24年3月からはCと交際をし，その後Cと同居した。

Xは，平成24年5月に，子らを連れて家を出て別居し，同年6月には，離婚調停の申立てをした。Yは，同年9月頃に，XがCの家から出てくるのを待ち構え暴力沙汰となって，警察官が臨場する騒ぎになった。

Xは，本離婚訴訟を提起した。

判　旨

1　一審は，別居期間が1年半余にすぎず，婚姻関係は未だ破綻していないと認定し，仮に破綻しているとしても，Xの離婚請求は有責配偶者からの離婚請求であり，信義誠実の原則に反し許されないとして，Xの離婚請求を棄却した。

2　控訴審は，XとYとの婚姻関係は遅くとも平成24年9月頃には破綻していたと認定し，更に以下のように述べて，一審判決を取り消し，Xの請求を認容した。

「これまでそのような有責配偶者からの離婚請求が否定されてきた実質的な理由の一つには，一家の収入を支えている夫が，妻以外の女性と不倫や不貞の関係に及んで別居状態となり，そのような身勝手な夫からの離婚請求をそのまま認めてしまうことは，残された妻子が安定的な収入を断たれて経済的に不安定な状態に追い込まれてしまい，著しく社会正義に反す

る結果となるため，そのような事態を回避するという目的があったものと解されるから，仮に，形式的には有責配偶者からの離婚請求であっても，実質的にそのような著しく社会正義に反するような結果がもたらされる場合でなければ，その離婚請求をどうしても否定しなければならないものではないというべきである。」

「ＸとＹとの婚姻関係が破綻した責任の一端がＹにもあることは，明らかというべきである。そして，ＸとＹの間には，現在６歳の長男と４歳の長女がいるが，Ｘとしては，働きながら両名を養育監護していく覚悟であることが認められるところ（略），後記認定のとおり，Ｘによる養育監護の状況等に特に問題もないことを考慮すれば，Ｘの本件離婚請求を認容したとしても，未成年者の福祉が殊更害されるものとは認め難いというべきである。また，本件では，Ｙは，もともとＸとの離婚を求めていた経緯があるだけではなく，後記認定のとおり，平成25年度において約961万円の年収があり，本件離婚請求を認めたとしても，精神的・社会的・経済的に著しく不利益な状態に立ち至るわけでもないと考えられる。そうすると，本件については，確かに，形式的には有責配偶者からの離婚請求ではあるものの，これまでに述べた有責配偶者であるＸの責任の態様・程度はもとより，相手方配偶者であるＹの婚姻継続についての意思及びＸに対する感情，離婚を認めた場合におけるＹの精神的・社会的・経済的状態及び夫婦間の子である未成年者らの監護・教育・福祉の状況，別居後に形成されている相互の生活関係等を勘案しても，Ｘが求めている離婚請求は，社会正義に照らして到底許容することができないというものではなく，夫婦としての信義則に反するものではないというべきである。」

キーポイント

1 　６歳と４歳の未成熟子がいる有責配偶者の妻からの離婚請求を，信義則に反するものではないとして認めた注目すべき高裁判決である。

2 　有責配偶者の離婚請求を否定する実質的理由として，残された妻子の経済的不安定を指摘したのは妥当であるが，これのみを否定の実質的理由として，逆に経済力のある夫に対する有責配偶者の妻の離婚請求は認めるとする考えは，不平等と言わざるを得ない。

参考裁判例

No.48〜62　離婚慰謝料

48　離婚における慰謝料請求権の性質

【一　審】　福島地裁会津若松支部判決（民集10巻2号132頁）
【控訴審】　仙台高裁昭和26年6月11日判決（民集10巻2号135頁）
【上告審】　最高裁昭和31年2月21日判決（昭和26年(オ)469号）（民集10巻
　　　　　　2号124頁）

事　案

　X（夫：原告，被控訴人，上告人）とY（妻：被告，控訴人，被上告人）
は，昭和18年4月に事実上の婚姻をして同棲し，昭和19年3月に婚姻届出
をした。Xは，昭和19年6月に応召したが，Xの応召中もYは，Xの母A
と共に田畑の耕作をした。Yは，農耕による過労のため健康を害し，農耕を
休むようになったため，Aから冷淡な態度をとられた。Xは，昭和23年6
月に復員したが，Aは，Yを非難し，XもAの言動に追随したため，Yは，
昭和24年2月に婚家を去った。その後，昭和24年9月に女児が生まれた。
　Xは，Yに対して，離婚請求訴訟を提起し，Yは，Xに対して離婚と慰謝
料請求の反訴を提起した。

判　旨

1　一審は，XとYの離婚を認容したが，YのXに対する慰謝料請求は棄却
　した。
2　控訴審は，XとYの夫婦関係が破綻した発端はAのYに対する思いやり
　のない態度にあり，Xは，Aを諌めその啓蒙に十分の努力を払わなかった
　として，Xに対して7万円の慰謝料の支払を命じた。
3　Xは，上告理由として，現行民法においては離婚の場合に離婚をした者
　の一方は，相手方に対して財産分与の請求ができるから，離婚につき相手
　方に責任があるの故をもって，直ちに慰謝料の請求をなし得るものではな
　く，その離婚原因となった相手方の行為が，特に身体，自由，名誉等の法
　益に対する重大な侵害であり，不法行為が成立する場合に，損害賠償の請
　求をなし得るにすぎないと主張した。
　　最高裁は，この上告理由に対して，以下のように述べて，Xの上告を棄
　却し，控訴審判決を維持した。

　「離婚の場合に離婚した者の一方が相手方に対して有する財産分与請求権は，必ずしも相手方に離婚につき有責不法の行為があつたことを要件とするものではない。しかるに，離婚の場合における慰藉料請求権は，相手方の有責不法な行為によつて離婚するの止むなきに至つたことにつき，相手方に対して損害賠償を請求することを目的とするものであるから，財産分与請求権とはその本質を異にすると共に，必ずしも所論のように身体，自由，名誉を害せられた場合のみに慰藉料を請求し得るものと限局して解釈しなければならないものではない。されば，権利者は両請求権のいずれかを選択して行使することもできると解すべきである。ただ両請求権は互に密接な関係にあり財産分与の額及び方法を定めるには一切の事情を考慮することを要するのであるから，その事情のなかには慰藉料支払義務の発生原因たる事情も当然に斟酌されるべきものであることは言うまでもない。」

キーポイント

　離婚慰謝料請求権の性質について，「相手方の有責不法な行為によって離婚するのやむなきに至ったことにつき，相手方に損害賠償を請求するもの」であると判示した最高裁判決として重要である。

49　財産分与後の慰謝料請求

‥‥‥‥‥‥‥‥‥‥‥‥‥‥‥‥‥‥‥‥‥‥‥‥‥‥‥‥‥‥‥‥‥

【一　審】　福岡地裁直方支部昭和41年12月18日判決（昭和40年(ワ)69号）
　　　　　（民集25巻 5 号814頁）

【控訴審】　福岡高裁昭和42年11月 7 日判決（昭和41年(ネ)859号）（民集25
　　　　　巻 5 号821頁）

【上告審】　最高裁昭和46年 7 月23日判決（昭和43年(オ)142号）（民集25巻
　　　　　5 号805頁）

事　案

　X（妻：原告，被控訴人，被上告人）とY（夫：被告，控訴人，上告人）
は，昭和35年 6 月に婚姻した。Yは，婚姻の際，前妻との間の男子を連れ
子とし，ＸＹ間にも長女が生まれた。

　Xは，Y及びYの母からの暴力，虐待を受け，長女を連れて家を出ること
をYの母に阻止されたので，昭和37年 8 月に単身実家に帰った。

　Xは，Yに対して離婚訴訟を提起し，昭和40年 2 月に，離婚及び長女の
親権者をYと定め，YからXに整理タンス 1 棹，水屋 1 個の財産分与を命じ
る判決が下された。

　Xは，昭和40年 9 月に，Yに対し離婚による慰謝料30万円の支払いを求
める本件訴訟を提起した。

判　旨

1　一審は，Yに対し15万円の慰謝料の支払を命じた。

2　控訴審も一審判決を維持した。

3　最高裁も，以下のように述べて，控訴審判決を維持した。

　「本件慰藉料請求は，YとXとの間の婚姻関係の破綻を生ずる原因とな
つたYの虐待等，Yの身体，自由，名誉等を侵害する個別違法行為を理由
とするものではなく，Xにおいて，Yの有責行為により離婚をやむなくさ
れ精神的苦痛を被つたことを理由としてその損害の賠償を求めるものと解
されるところ，このような損害は，離婚が成立してはじめて評価されるも
のであるから，個別の違法行為がありまたは婚姻関係が客観的に破綻した
としても，離婚の成否がいまだ確定しない間であるのに右の損害を知りえ

たものとすることは相当ではなく，（略）離婚が成立したときにはじめて，離婚に至らしめた相手方の行為が不法行為であることを知り，かつ，損害の発生を確実に知つたこととなるものと解するのが相当である。」

「財産分与がなされても，それが損害賠償の要素を含めた趣旨とは解せられないか，そうでないとしても，その額および方法において，請求者の精神的苦痛を慰藉するには足りないと認められるものであるときには，すでに財産分与を得たという一事によつて慰藉料請求権がすべて消滅するものではなく，別個に不法行為を理由として離婚による慰藉料を請求することを妨げられないものと解するのが相当である。」

キーポイント

1 　離婚による財産分与後に，離婚による慰謝料請求がなされた事案について，すでに財産分与がされている場合であっても，離婚による慰謝料請求ができることを判示した最高裁判決として意義がある。
2 　また，離婚による慰謝料請求権の消滅時効の起算点を離婚時と判示した点も重要である。

50　性交渉がないことを原因とする離婚の慰謝料

京都地裁平成 2 年 6 月14日判決（昭和63年㈦2856号）（判時1372号123頁）

事　案

　X（妻：原告）は，昭和62年 6 月にY（夫：被告）と見合いをして，フランスで挙式をするため，挙式前の昭和63年 4 月に婚姻届を出し，同年 5 月に挙式をした。Xは，結婚前までエレクトーン講師として月収約25万円を得ていたが，結婚のためにその仕事をやめた。結婚当時，Xは35歳，Yは44歳で，いずれも初婚であった。

　Yは，新婚旅行中も，同居を始めてからXが家を出るまでの間も，Xに指 1 本触れず，性交渉を求めたこともなかった。また，夫婦としての会話もほとんどなかった。そのため，Xは，昭和63年 6 月に家を出て実家に帰った。

　そして，昭和63年 7 月にXとYは協議離婚をした。

　結婚に際してXは，家具等の購入費として少なくとも約447万円を支出し，離婚の際にこれらのものはXが持ち帰ったが，結婚生活を継続しないなら不要のものであった。また，Xは，離婚後にエレクトーン講師の職に就いたが，収入は以前の 3 分の 1 以下となった。

　Xは，Yに対して離婚による慰謝料として1000万円を請求する本件訴訟を提起した。

判　旨

　裁判所は，「Yが性交渉に及ばなかった真の理由は判然としないわけであるが，前記認定のとおりYは性交渉のないことでXが悩んでいたことを全く知らなかったことに照らせば，Yとしては夫婦に置いて性交渉をすることに思いが及ばなかったか，もともと性交渉をする気がなかったか，あるいはYに性的能力について問題があるのではないかと疑わざるを得ない。」と述べ，XYの婚姻生活が短期間で解消したのは，もっぱらYのみに原因があるとして，Yに対して500万円の慰謝料の支払を命じた。

参考裁判例：離婚慰謝料

キーポイント

1 　同居期間が2か月足らずで，夫が性交渉をせず，夫婦間の精神的つ
　ながりもなかったことを原因とする離婚について，500万円の慰謝
　料の支払を認めた判決である。
2 　Xは，慰謝料のみを請求したため，裁判所は500万円の慰謝料を
　認容したが，Xが購入した婚姻家具の費用，Xの逸失利益をも考慮に
　入れて，比較的高額の慰謝料を認容したものであろう。

51　日本在住のアメリカ人夫婦の離婚慰謝料請求の準拠法

横浜地裁平成３年10月31日判決（平成２年(タ)16号・122号）（判時1418号113頁）

事　案

Ｘ（夫：原告，反訴被告）は，日本で生まれた日本国民であったが，その後米軍に従軍して，渡米し，昭和35年に米国籍を取得した。

Ｙ（妻：被告，反訴原告）は，日本で生まれた日本国民であった。

ＸとＹは，昭和48年那覇市で婚姻の届出をして渡米し，Ｙは，昭和55年に米国籍を取得した。

ＸとＹは，昭和55年に来日し，神奈川県の米軍住宅に居住し，昭和56年に長男（米国籍）が生まれた。

Ｙは，平成元年１月に，長男を連れてＸと別居した。

ＸはＹに対し，離婚，長男の親権者としてＸを指定することを求める訴訟提起し，Ｙは，離婚，長男の親権者をＹ，財産分与1000万円，慰謝料800万円を求める反訴を提起した。

判　旨

裁判所は，以下のように述べて，離婚，長男の親権者をＹと指定し，Ｘに財産分与150万円，慰謝料150万円の支払を命じた。

(1)　裁判所は，財産分与及び慰謝料請求の準拠法について，以下のように述べた。

「離婚に伴う財産分与及び離婚そのものによる慰謝料請求については，いずれも離婚の際における財産的給付の一環を成すものであるから，離婚の効力に関する問題として，右２と同様に（筆者注：離婚請求についての準拠法）法例16条本文（14条）によるべきものと解するのが相当であり，本件においては，日本民法が適用されることになる。」

(2)　また，離婚原因，慰謝料請求については，以下のように述べた。

「Ｘは，Ｙを自己と対等の人格を有する者と認めず，一段劣った者と見ており，その現れとして，Ｙについて中身がない，人間的に成長していない，知能・知性が低いなどと決めつける主張，供述を繰り返している（Ｘ

は，長男の親権者となることを強く希望しているところ，Yが親権者としてふさわしくないことを印象付けるために，このような主張，供述をしているものと思料される。また，Xは，離婚理由の一つとして，Yが経済的に派手であるなどと供述するが，本件離婚問題が生じる前にはそのことを被告に指摘，注意したことはないというのであり，他に右供述を裏付けるに足りる証拠はないから，右供述は採用できない。）。」

「以上の認定事実によれば，X・Y間の婚姻関係の破綻に至った原因を作ったのは，主としてXであり，その責任はXにあるものと認められるから，Xは，これによりYが被った精神的苦痛を慰謝すべき義務があるところ，右慰謝料の額は，本件にあらわれた諸般の事情に照らすと，150万円が相当である。」

キーポイント

1　離婚に伴う財産分与及び慰謝料請求の準拠法について，離婚の効力に関する問題として，離婚の準拠法が適用になると判示した判決である。

2　本件においては，離婚原因を作ったのは主に夫であるとして，150万円の慰謝料の支払を認定しているが，この点は裁判官によっても認定が異なる可能性があろう。

52　離婚慰謝料請求の準拠法

神戸地裁平成6年2月22日判決（平成4年(タ)62号）（判タ851号282頁）

事　案

　中国籍を有するX（妻：原告）と，日本国籍を有するY（夫：被告）は，昭和61年10月に中国において同国の方式により婚姻し，両者間には，日本国籍を有する長男（昭和63年6月生）がいる。

　Yは，平成3年12月に，Xに対し，殴る蹴る，顔面部を足で蹴り，踏みつける等の暴行を加え，Xは，左眼窩吹き抜け骨折，鼻骨骨折，上顎骨骨折の傷害を受けて，入院し手術を受けた。

　Xは，退院後Yと別居し，母子寮で生活を始めた。

　Xは，Yに対し，Yの暴力，自己中心的行動等によって婚姻関係が破綻したとして，離婚，長男の親権者をXと指定すること，400万円の財産分与，800万円の慰謝料を求める本訴訟を提起した。

判　旨

　裁判所は，以下のように述べて，離婚，長男の親権者をXと指定し，Yに対し，慰謝料200万円，財産分与400万円の支払を命じた。

(1)　裁判所は，慰謝料請求の準拠法について，以下のように述べた。

　「Xが本件慰謝料請求として離婚に至るまでの個々の行為を原因とする慰謝料と離婚そのものを原因とする慰謝料をそれぞれ請求していることは，Xの主張自体から明らかである。

　したがって，本件慰謝料請求中，離婚に至るまでの個々の行為を原因とする慰謝料請求に関しては，一般不法行為の問題として法例11条1項に則り不法行為地法であるわが国民法が，また，離婚そのものを原因とする慰謝料請求に関しては，その実体がいわゆる離婚給付の一端を担うものとして離婚の効力に関する法例16条本文，14条に則り前記説示と同じく常居所地法であるわが国民法が，それぞれ準拠法になる。」

(2)　また，離婚及び慰謝料については，以下のように述べた。

　「(1)　X・Y間の婚姻関係は，Yの前記暴行と自己中心的な行動等によって，完全に破綻しており，民法770条1項5号に定める離婚原因が認

められるというべきである。

　(2)　特に，長男の年齢，Ｘの監護態勢の実情等に鑑みると，Ｘ・Ｙ離婚後における長男の親権者はＸと定めるのが相当である。

　(3)　特に，Ｘ・Ｙ間の婚姻期間，Ｙの前記暴行の態様，Ｘの受傷の程度等に鑑みると，本件慰謝料の額は金200万円と認めるのが相当である。」

キーポイント

1　離婚に伴う慰謝料請求の準拠法について，離婚に至る個々の行為を原因とする慰謝料請求については，不法行為地法が適用になり，離婚そのものを原因とする慰謝料請求については，離婚の準拠法が適用になると判示した判決である。

2　本件においては，夫の暴行傷害による慰謝料と離婚自体の慰謝料を併せて200万円と認定したのは，やや低廉との感がある。

53　高齢者の離婚における慰謝料

【一　審】　横浜地裁平成 9 年 1 月22日判決（平成 6 年㈡ 8 号・124号）
　　　　　　（判時1618号109頁）
【控訴審】　東京高裁平成10年 3 月18日判決（平成 9 年㈱437号・2881号）
　　　　　　（判時1690号66頁）

事　案

　Ｘ（夫，明治44年生：原告，反訴被告，控訴人）とＹ（妻，昭和 2 年生：被告，反訴原告，被控訴人）は，昭和39年頃から交際をし，Ｘの先妻が死亡した後の昭和53年 1 月に婚姻届出をした。

　Ｘの長男は，二人の結婚に反対していた。

　Ｘは，Ｙとの同居に際して，Ｘが手にするのは，Ｙから受け取る小遣いの月 3 万円だけとし，その余のＸの収入のすべてをＹの管理に任せることにした。

　Ｘは，平成 5 年頃からＹに対し，Ｘの得た収入の管理を任せて欲しいと要請し，Ｘの実印の保管等に関して言い争いになり，平成 5 年 4 月に家を出てＹと別居した。

　Ｘは，Ｙに対し，離婚と財産管理委託の解除を理由に，同居期間中の収入等の9152万6911円の返還を求める本訴訟を提起した。Ｙは，離婚，慰謝料1000万円，財産分与の支払を求める反訴を提起した。

判　旨

1 　一審は，離婚を認め，以下のように述べて，Ｘに対し300万円の慰謝料の支払を命じ，Ｙに対し清算的財産分与として1000万円の支払を命じた（財産管理委託契約，財産分与の点は省略）。

　「本件各離婚請求はいずれも理由があるところ，その破綻の原因については，前記のとおり，色々の憶測をすること自体は不可能ではないものの，その詳細は明確ではない。しかしながら，ＸがＹのもとを離れたことは，Ｘとしてはそれなりに悩みを抱えての止むに止まれぬことであったとしても，少なくともＹにとっては，それまでの二人の共同生活の状況に照らし，そのようなＸの態度の変化の真意を十分把握することができない状況下で

の出来事であったことも明らかなことであり，また，前記のとおり，Xが
別居までの間Yに財産管理を委託した趣旨は，Xの収入のすべてを，Yが
その収入の性質の如何を問わず自由に収支（経理）を行うことを予め包括
的に容認する内容のものであったのに，本件訴訟においてXは，YがXの
収支のすべてを勝手に取り上げたなどと主張・供述しているのであって，
これらの事情に徴すると，Xの本件に関する一連の言動の中にYに対する
不法行為を構成するものも含まれていると認めるのが相当である。そして，
これによって受けたYの精神的苦痛を慰謝するには300万円をもって相当
と認める。」

2　控訴審は，離婚による慰謝料については一審判決を維持した。

　　ただし，慰謝料については，反訴状送達の日の翌日からの年5分の遅延
損害金の支払を命じた。

キーポイント

1　高齢者の離婚に関して，夫の有責性が必ずしも明らかでないにもか
かわらず，妻の夫に対する300万円の慰謝料請求を認めた判決である。
2　夫婦ともに比較的裕福であったこと，夫の妻に対する財産分与請求
の一部を認めたこととのバランスを考慮したとも考えられる。

54　夫の暴力による離婚の場合の慰謝料

【一　審】　横浜地裁平成 9 年 4 月14日判決（平成 8 年㈪136号）（家月50
巻 7 号90頁）

【控訴審】　東京高裁平成10年 2 月26日判決（平成 9 年㈱2506号）（家月
50巻 7 号84頁）

事　案

　X（妻：原告，被控訴人）とY（夫：被告，控訴人）は，昭和49年 3 月
に婚姻届出をし，ＸＹ間には，昭和59年11月に生まれた三女がいる（昭和
57年12月に出生した双子の長女，二女は出生後まもなく死亡した）。

　Xは地方公務員で，Yは会社員である。

　Yは，Xに暴力を振るっており，平成 7 年11月に，Yは，Xが夕食に御
飯ではなく，スパゲティを用意したことに立腹して，Xを殴ったり，蹴っ
たりしたため，Xは，Yの隙をみて裸足の三女と共に家を出て，以後Yと別居
している。

　Xは，Yに対し，離婚，三女の親権者をXと指定すること，財産分与，
500万円の慰謝料を請求する訴訟を提起した。

判　旨

1　一審は，婚姻破綻の原因は，Yの暴力にあるとして，離婚，三女の親権
　者をXと指定し，Yに対し400万円の慰謝料の支払を命じた（財産分与の
　点は省略）。

　「X，Y間の婚姻関係は最早完全に破綻してその婚姻の実態が失われて
　おり，今後円満な婚姻生活の修復が極めて困難であることが明らかである。

　そして，右破綻に至った直接の原因は，YのXに対する酷い暴力行為に
　あることが明らかである。YがXに対して右のような暴力を振るうに至っ
　た基礎には，X，Yの物の見方や考え方の違いがあると解せられ，Yの物
　の見方や考え方にそれなりの合理性がないとはいえない面があるが，Xや
　第三者の物の見方や考え方を理解しようとせず，Yの意にそぐわないXを
　許さないで，いきなり暴力行為に及んだことを決して正当化することはで
　きず，Yは，そのなした暴力行為を強く非難されるべきである。」

参考裁判例：離婚慰謝料

　「X，Y間の婚姻生活は，主としてYの責任により破綻するに至ったのであるから，Yは，これによってXが受けた精神的苦痛を慰謝すべき義務があるというべきであり，本件に顕れた諸般の事情に照らし，Xの右苦痛は金400万円をもって慰謝するのが相当である。」

2　控訴審は，離婚による慰謝料については一審判決を維持した。

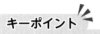

キーポイント

　夫の暴力が原因で婚姻が破綻したと認定し，夫に対し400万円の離婚慰謝料の支払を命じた判決である。

55 不貞相手に対する離婚慰謝料の請求

【一　審】　東京地裁平成10年7月29日判決（平成9年㈹9217号）（判タ
　　　　1023号246頁）
【控訴審】　東京高裁平成10年12月21日判決（平成10年㈱3872号）（判タ
　　　　1023号242頁）

事　案

　X（妻：原告，控訴人）とA（夫）は，昭和36年11月に婚姻し，昭和
37年4月に長男をもうけた。

　Aは，職場の同僚であるY（被告，被控訴人）と肉体関係をむすび，昭和
54年4月に自宅を出て，Yと同棲し，昭和57年2月には，同人との間の子
供が生まれた。

　Aは，Xに対し，平成6年に離婚訴訟を提起し，平成10年3月に離婚と
財産分与を認める判決が確定した。

　Xは，離婚訴訟が控訴審に係属中の平成9年5月に，Yに対し不貞行為な
いし同棲関係による不法行為に基づく慰謝料2000万円と弁護士費用200万
円を請求する本訴訟を提起した。

判　旨

1　一審は，以下の理由により，Xの請求を棄却した。

　昭和57年頃には，XとAとの婚姻関係は完全に破綻しており，それ以後
のYとAとの肉体関係は，Xに対する不法行為を構成しない。

　　XのYに対する不法行為に基づく損害賠償請求権は，本訴提起された平
成9年5月の段階では時効が完成している。

2　控訴審は，以下のように述べて，一審判決を変更して，Yに対し，慰謝
料200万円と弁護士費用20万円の支払を命じた。

　「Xの本件慰謝料請求は，単にYとAとの肉体関係ないし同棲によって
精神的苦痛を被ったことを理由とするのみならず，右肉体関係ないし同棲
の継続により最終的にAとの離婚をやむなくされるに至ったことをもYの
不法行為として主張していることは前示のとおりであるところ，このよう
に第三者の不法行為により離婚をやむなくされ精神的苦痛を被ったことを

理由として損害の賠償を求める場合，右損害は離婚が成立して初めて評価されるものであるから，第三者との肉体関係ないし同棲の継続等を理由として離婚を命ずる判決が確定するなど，離婚が成立したときに初めて，離婚に至らせた第三者の行為が不法行為であることを知り，かつ，損害の発生を確実に知ったこととなるものと解するのが相当である（最高裁昭和46年7月23日第二小法廷判決・民集25巻5号805頁参照）。」

キーポイント

1 妻の夫の不貞相手に対する，肉体関係ないし同棲の継続によって離婚のやむなきに至ったことによる慰謝料請求を認容した控訴審判決である。

また，不貞相手に対する離婚慰謝料請求の消滅時効の起算点を，離婚成立時と解した点も重要である。

2 この控訴審判決は，最高裁平成31年2月19日判決（[裁判例62]）によって，変更されたと解される。

56　夫の暴力による損害賠償請求
. . . .

【一　審】　神戸地裁平成11年９月８日判決（平成８年㈪69号等）（判時
　　　　　　1744号95頁）
【控訴審】　大阪高裁平成12年３月８日判決（平成11年㈭3367号）（判時
　　　　　　1744号91頁）

事　案

　Ｘ（夫：原告，反訴被告，被控訴人）とＹ（妻：被告，反訴原告，控訴
人）は，昭和46年４月に婚姻届出をし，ＸＹ間には，昭和47年８月に生ま
れた長男一郎と，Ｙの連れ子でＸの養子となった二郎，三郎がいる。

　Ｘは船員で，長期間の乗船勤務があり，Ｙに対して家事をおろそかにせず，
子供達を厳しくしつけることを求めたが，Ｙがその期待に応える程度にいか
なかったことから，注意していうことを聞かないと暴力で自分のいうことに
従わせる傾向があった。

　平成７年４月に，ＸとＹは，Ｙが行っているボランティア活動のことで喧
嘩となり，Ｘは，Ｙを一本背負いで投げ飛ばしたうえ，Ｙの顔面，頭部，腰
等を何回も殴る，蹴るなどの暴力（本件暴行）を振るった。

　Ｙは，本件暴行により右鎖骨を骨折し，腰痛が発症し（後に腰椎椎間板ヘ
ルニアと診断された），本件暴行以後家を出てＸと別居した。

　Ｘは，Ｙに対して離婚を求める訴訟を提起し，Ｙは，離婚，離婚慰謝料，
財産分与，本件暴行による慰謝料を求める反訴を提起した。

判　旨

1　一審は，ＸとＹ間には，「婚姻を継続し難い重大な事由」があるとして
　本訴，反訴の各離婚請求を認容した。

　　本件暴行による損害賠償については，入通院慰謝料50万円，後遺障害慰
　謝料300万円，後遺障害による逸失利益400万円の支払を認めた。また本件
　暴行を除く離婚による慰謝料として350万円，財産分与として1800万円の
　支払を認めた。

2　控訴審は，離婚による慰謝料については一審と同様に350万円を認め，
　入通院慰謝料100万円，後遺障害慰謝料500万円，後遺障害による逸失利益

1113万5023円の支払を認めた。また，夫婦間の暴行による損害額の算定について，一審と異なり，夫婦関係があること，保険制度が完備していないことにより，交通事故の損害算定に比して低額の損害額の算定をすべきではないと判示した。

　財産分与については，Ｘが一級海技士の資格をもち，海上勤務が多かったことから多額の収入を得られたことが資産形成に大きく寄与しているとして，形成財産の約３割に当たる2300万円の支払を命じた。

キーポイント

1　離婚の一原因となった夫の暴力による慰謝料，逸失利益等の損害賠償請求と離婚等の請求とを併合して審理した判例である。

　このような併合ができるかについては，異論もあるが，旧人事訴訟手続法７条２項ただし書（現人事訴訟法17条１項も同旨）は，訴の原因たる事実により生じた損害賠償の請求を離婚等の訴えと併合して提起することができると規定し，併合できる損害賠償請求を制限はしていないので，訴訟経済の点からも併合は許されるだろう。

2　本件は離婚自体による慰謝料と本件暴行による慰謝料を分けて認定している点，夫婦間の暴行による損害の算定を交通事故による損害の算定と異ならないとした点も参考になろう。

57 離婚慰謝料請求が棄却された事案

東京地裁平成12年9月26日判決（平成8年㈜550号・平成9年㈜226号）
（判タ1053号215頁）

事　案

X（夫，昭和7年生：原告，反訴被告）とY（妻，昭和12年生：被告，反訴原告）は，昭和33年に婚姻届出をし，長男（昭和34年生）と二男（昭和38年生）の二人の子をもうけた。Xは，定年後の平成8年9月頃に自宅を出てYと別居している。

Xは，Yに対し，Yの浪費等を理由として，離婚と1000万円の慰謝料を求める訴訟を提起し，Yは，Xが必要な生活費を渡さないこと，大酒を飲み暴力を振るい，不貞行為をしたなどとして，離婚，1000万円の離婚慰謝料，財産分与を求める反訴を提起した。

判　旨

裁判所は，以下のように述べて，X及びYの離婚請求を認め，XのYに対する財産分与1500万円の支払を認めたが，X及びYの慰謝料請求は，いずれも棄却した（財産分与の点は省略）。

「本件婚姻が破綻したことについての責任は，Xのみ又はYのみにあるとすることは相当とはいえない。XY双方に等しく責任があるということもできるし，いずれにも責任はなく，いわば運命であるということもできよう。

XYのような年配の夫婦が離婚を望むことは誠に不幸なことではあるが，ある人にとっては人生の避けることのできない出来事でもある。本件婚姻については，これを継続しがたい重大な事由があり，婚姻が破綻するについて，いずれか一方にのみ責任があるということはできないから，本訴，反訴いずれの離婚請求も認容されるべきである。」

「1　Xの慰謝料請求について

㈠　Xは，Yの浪費により多額の負債を負い，これを返済せざるを得なかったことを慰謝料請求の原因と主張するが，Yが負債を負ったことについてはYのみを非難することはできないことは前記（略）で説示したとおりであるし，前記（略）で認定した事実によれば，負債の返済のため，昭和54年

9月からはXが家計を管理し，この間，Yに渡す生活費を月6万円ないし8万円程度にしたのであって，これは育ち盛りの二人の息子を抱えた四人家族の生活費としてはいささか少ない金額である。さらに，Xは，Yによるカードの使用分を，月々の生活費から差し引いたこともあったというのであるから，債務の返済のために，生活費の減額という形で，Yもある程度の犠牲を払っているということができる。

　（二）　以上の諸事情に照らせば，Xが経済的に困難な状態に置かれたとする精神的苦痛は，仮に主観的にはあったとしても，法的保護に値するものとして評価することはできず，他にXが主張する点をすべて考慮しても，XのYに対する慰謝料請求は理由がないものといわざるを得ない。

　2　Yの慰謝料請求について

　前記（略）で説示したとおり，YがXから経済的虐待を受けた旨，Xの素行が悪かった旨の主張は採用することはできないし，前記（略）で説示したとおり，Xの不貞行為を認めるに足りる証拠はなく，他にYが主張する点をすべて考慮しても，YのXに対する慰謝料請求を相当と認めるに足りる証拠はないから，結局，YのXに対する慰謝料請求は理由がない。」

キーポイント

　婚姻破綻の責任が，夫又は妻のみにあるとすることはできないとして，夫と妻の離婚請求をいずれも認め，夫及び妻の慰謝料請求をいずれも棄却した判決である。

58　500万円の離婚慰謝料と不貞行為相手に対する300万円の慰謝料が認められた事案

仙台地裁平成13年3月22日判決（平成11年㈉126号）（判時1829号119頁）

事　案

X（妻：原告，反訴被告）とY₁（夫：被告，反訴原告）は，昭和42年6月に婚姻届出をし，XY₁間には，長女（昭和43年生）と長男（昭和45年生）の2人の子がいる。

Xは，結婚後も会社等に勤務していたが，平成7年に仕事をやめて専業主婦になった。

Y₁は，平成9年3月に，市の職員を定年退職し，平成10年5月まで他の会社で働き，その後は無職である。

Y₁は，平成10年頃からY₂と親密な交際をし，一緒にタイへの旅行に申し込み，平成11年1月頃からは頻繁に外出や外泊をするようになった。

Xは，平成11年7月に，自宅を出て長女が住むアパートに移り，以後Y₁と別居している。

Xは，Y₁に対し，離婚，離婚慰謝料500万円，財産分与の請求をなし，Y₂に対し，不貞行為慰謝料500万円の請求をする訴訟を提起した。

判　旨

裁判所は，以下のように述べて，Y₁に対し，離婚，離婚慰謝料として500万円，Y₂に対し，不貞行為慰謝料として300万円の支払を命じた（財産分与の点は省略）。

「前記事実関係によれば，遅くとも平成10年11月頃にはY₁とY₂との間に不貞関係が生じていたことは明らかであり，かつ，その不貞関係は本件訴訟が係属した後も続いていたことが認められる。」

「本件婚姻が破綻した原因がY₁らの不貞関係にあることは前記のとおりであるところ，本件婚姻の破綻及びそれに至る過程の事情によってXが受けた苦痛，Y₁らの有責性の程度（特に，Y₁はXに対して配偶者としての貞操義務を負っている。），本件婚姻の期間が33年以上に及んでいることなど本件に表れた諸事情を総合すると，Y₁がXに対して支払うべき離婚慰藉料は500万

円が相当であり，Y₂が不法行為による損害賠償としてXに支払うべき慰藉料は300万円が相当である。」

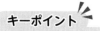

　離婚慰謝料として夫に500万円の支払と，夫の不貞行為に相手女性に対し300万円の不貞行為慰謝料を認めた判決である。

　XがY₁に対し，不貞行為をやめるように求めたのに対し，Y₁は，暴言をはいたり暴力を振るったりし，本訴訟係属中も不貞行為が継続していたこと等が，慰謝料が高額化した一因になっていると思われる。

59　500万円の離婚慰謝料が認められた事案

....

【一　　審】　岡山地裁平成14年９月25日判決（平成11年㈔33号）

【控訴審】　広島高裁岡山支部平成16年６月18日判決（平成14年㈹249号）

　　　　　　（判時1902号61頁）

事　案

　Ｘ（妻：原告，控訴人兼被控訴人）とＹ（夫：被告，被控訴人兼控訴人）は，昭和48年11月に婚姻届出をし，ＸＹ間には，長女，二女，長男，三女の４名の子がいる。

　Ｘは，平成９年11月から，Ｙ方を出て別居生活をしている。

　Ｘは，平成10年２月頃に，離婚調停を申し立てたが，同年４月に調停は不成立となった。

　Ｘは，Ｙに対して，離婚，慰謝料，財産分与を求める訴訟を提起した。

判　旨

1　一審は，Ｙに対し，離婚，離婚慰謝料として400万円，弁護士費用40万円の支払を命じ，慰謝料については，破綻後である平成９年12月５日から支払済みまでの遅延損害金の支払を命じた（財産分与の点は省略）。

2　控訴審は，以下のように述べて，離婚による慰謝料を500万円，弁護士費用を50万円に変更した。

　「Ｙは，本件婚姻当初からＸに暴力を振るうことがあり，また，その子供らに行きすぎた体罰等を加え，あるいは長女の高校進学の際，長女の希望を十分考慮しないなど，粗暴かつ専横な言動がみられていたところ，平成９年ころから乙山と不貞関係を持ち，Ｘにこれが露呈した後も半ば公然と乙山との不貞関係を継続し続け，このような中で，度々Ｘと諍い，口論を繰り返し，Ｘを別居するに至らしめ，二度に渡ってＸに離婚届を交付し，暴力を振るうなどしたものであり，以上のようなＹの一連の言動が本件婚姻破綻の主要因になっていることは明らかである。」

　「上記（略）で認定した本件婚姻破綻に至る経緯に照らすと，Ｘが相当な精神的苦痛を被ったことは明らかであり，これを慰謝するには金500万円とするのが相当である。」

「なお，婚姻を破綻させた有責行為は，離婚の成立によってはじめて不法行為として評価されるものであるから，離婚に関する損害賠償債務の遅延損害金の起算日は離婚判決確定の日の翌日とするのが相当である。」

キーポイント

500万円の離婚慰謝料を認めた高裁判決である。

Yは，自動車修理業等を業とする数社の同族会社のオーナーであり，財産分与算定の基礎財産の評価額が約7億2500万円にも上った。

このように，Yが多額の資産を有していることが，離婚慰謝料の算定にあたり考慮されたものと思われる。

60　不貞慰謝料請求権と離婚慰謝料請求権の訴訟物

【一　審】　広島家裁平成18年11月21日判決（平成18年(家ホ)52号）（家
　　　　　　月59巻11号175頁）
【控訴審】　広島高裁平成19年4月17日判決（平成18年(ネ)564号）（家月59
　　　　　　巻11号162頁）

事　案

　X（妻：原告，控訴人兼被控訴人）とY₁（夫：被告，被控訴人兼控訴人）
は昭和49年に婚姻し，同人間には長女（昭和50年生）がいる。
　Y₁とY₂は，平成13年10月ころに知り合い，平成14年5月ころから肉
体関係をもつようになった。
　Xは，平成14年8月に長女と共に自宅を出て，Y₁と別居した。
　XはYらに対し，不貞行為等に基づく慰謝料請求訴訟を提起し，平成17
年3月に，Yらに対し連帯して300万円の慰謝料の支払を命ずる判決がされ，
同判決は平成17年10月に確定した（前訴）。
　Xは，平成18年4月に，Y₁に対し離婚及び離婚に伴う財産分与並びに，
Yらに対し不貞行為によってXが離婚せざるを得なくなったことによる慰謝
料請求の本訴訟を提起した。

判　旨

1　一審は，「Yらが婚姻関係破綻後に同居を継続したことにより，Y₁との
　離婚をやむなくされ，精神的苦痛を被ったXは，Yらに対し，その損害の
　賠償を求めることができる」として，Yらに対し各自110万円の慰謝料の
　支払いを命じた（離婚，財産分与の請求については省略）。
2　控訴審は，以下のように述べて，XのYらに対する慰謝料請求をいずれ
　も棄却した。
　　「本件におけるXの慰謝料請求は，夫であるY₁とY₂の不貞関係により
　離婚せざるを得なくなったことによる精神的苦痛に対する慰謝料の支払い
　を求めるものである。
　　他方，上記認定のとおり，前訴は，Y₁とY₂との不貞行為及び，その結
　果婚姻関係が破綻したことによる精神的苦痛に対する慰謝料を請求するも

のであり，XとY₁が離婚したことによってXが被る精神的苦痛については，賠償の対象とされていない。

　そうなると，本件における慰謝料請求権と前訴の慰謝料請求権は訴訟物が異なるものといわざるを得ず，前訴の既判力は，本件の慰謝料請求には及ばないと解するのが相当である。」

　「前記のとおり，前訴は，不貞行為自体によって被る精神的損害だけでなく，不貞行為によって婚姻関係が破綻したことによる精神的損害の賠償を求めるものである。

　平成16年12月×日に言い渡された前訴第一審判決では『（双方とも）離婚を望んでおり，早晩離婚に至ることは必至の状況にある。』と判断され，また，前訴控訴審判決時では，XがY₁と別居してから約３年が経過していた。これらの事実からすると，前訴の控訴審口頭弁論終結時にはXとY₁との婚姻関係は完全に破綻しており，回復の見込みはなかったというべきである。そして，前訴判決では，このような事実関係を前提としてXが受けるべき慰謝料額の判断が行われている。

　したがって，Xが本訴において請求することができるのは，完全に形骸化した婚姻関係を法的に解消したことによって被る新たな精神的損害のみであるところ，上記の事情からすると，Xに新たな精神的損害が生じたと認めることはできない。」

キーポイント

1　不貞行為及びその結果婚姻関係が破綻したことによる慰謝料請求と，不貞行為により離婚せざるを得なくなったことによる慰謝料請求は，訴訟物が異なり，前訴の既判力は後訴には及ばないとした判決である。
2　また，控訴審が，完全に形骸化した婚姻関係を法的に解消したことによる慰謝料請求を認めなかった点で注目に値する。

61　離婚慰謝料と個別慰謝料の関係

・・
【一　審】　東京地裁平成21年 3 月18日判決（平成20年(ワ)16989号）
【控訴審】　東京高裁平成21年12月21日判決（平成21年(ネ)2050号）（判時
　　　　　2100号43頁）

事　案

　X（夫：原告，控訴人）とY（妻：被告，被控訴人）は昭和51年 1 月に婚姻した。

　Yは，昭和58年10月に一郎を出産し，同人は，Xとの間の長男として出生届がなされた。

　Yは，平成17年，Xに対し，離婚と慰謝料の支払を求める訴えを提起し，Xも，離婚と慰謝料の支払を求める反訴を提起した（前訴）。

　前訴において，一郎のDNA鑑定が行われ，平成17年 6 月に，Xと一郎との間に生物学的親子関係が存在しないとの鑑定結果が出た。

　離婚訴訟については，双方の離婚請求を認容し，Yに600万円の慰謝料の支払を命ずる控訴審判決（前訴控訴審判決）が確定した。

　Xの申立てに基づき，平成20年 9 月に，Xと一郎との親子関係の不存在確認の審判がされた。

　XはYに対し，一郎がYとその不貞相手との間の子であったことについて，不法行為に基づき，慰謝料1500万円及び一郎の養育費相当額の不当利得返還を求める訴訟を提起した（不当利得の点は省略）。

判　旨

1　一審は，本訴事件における慰謝料請求と前訴における慰謝料請求は，訴訟物が同一であるとして，Xの請求を棄却した。

2　控訴審は，以下のように述べて，Xの慰謝料請求を却下した。

　「離婚に伴う慰謝料請求は，相手方の一連の有責行為により離婚を余儀なくされたことの全体を一個の不法行為として，それから生じる精神的苦痛に対する損害賠償請求と扱われるのが通常であるが，その場合，その間の個別の有責行為が独立して不法行為を構成することがあるかについては，当該有責行為が性質上独立して取り上げるのを相当とするほど重大なもの

であるか，離婚慰謝料の支払を認める前訴によって当該有責行為が評価し尽くされているかどうかによって決するのが相当である。」

「前訴控訴審判決は，本訴の不法行為を基礎づける事実と同様の事実を評価して，3700万円の慰謝料請求のうち600万円を超える部分の慰謝料請求を排斥したものであるから，本訴の提起は，前訴において主張されて評価が尽くされた事実に基づいて慰謝料の支払を再度求めているものにほかならない。他方，Yにおいて，前訴控訴審判決によって，同等の事実に基づき上記金額を超える賠償請求をもはや求められることはなく紛争が決着しもはや訴訟その他の紛争を引き起こされることはないものと信頼したものと認めるのが相当であり，その信頼は法制度上正当なものとして保護されるべきものであるから，Xが本訴を提起することは上記信頼関係を侵害するものであり，適正・衡平を著しく欠いた行為であるというべきである。以上の諸点からすると，本訴は前訴と実質的には紛争の実体は同一であり，単に既判力に抵触するというにとどまらず，前記認定のとおり，十分な審理を尽くした上で司法判断を経て決着した紛争をあえて蒸し返すものであるといわざるを得ないから，信義則に反して許されないものと解するのが相当である。」

キーポイント

1　前訴の離婚慰謝料請求と，後訴の不貞行為または不貞行為により夫以外の男性の子を産んだことによる慰謝料請求の訴訟物が同一かどうかについて，一審判決は同一であると判示している。
2　控訴審判決は，この点については明言せずに，前訴の既判力に抵触とすると同時に信義則による後訴の遮断論から，夫の請求を却下している。
3　前訴の離婚慰謝料請求には，不貞行為や不貞行為により夫以外の男性の子を産んだこと等も含まれていたといえる。
　　したがって，前訴の離婚慰謝料請求には，後訴の慰謝料請求を含んでおり，後訴の慰謝料請求が許されないとの結論は妥当であろう。

62 不貞行為の相手に対する離婚慰謝料請求

【一　審】 水戸地裁龍ケ崎支部平成28年11月21日判決（平成27年(ワ)216
号）（家庭の法と裁判22号99頁）

【控訴審】 東京高裁平成29年4月27日判決（平成28年(ネ)5842号）（家庭
の法と裁判22号96頁）

【上告審】 最高裁平成31年2月19日判決（平成29年(受)1456号）（家庭
の法と裁判22号87頁）

事　案

　X（夫：原告，被控訴人，被上告人）とA（妻）は平成6年3月に婚姻し，
同人間には二子がいる。

　Y（被告，控訴人，上告人）は，平成20年12月頃に，Aと知り合い，平
成21年6月以降，Aと不貞行為（本件不貞行為）に及ぶようになった。

　Xは，平成22年5月頃に，本件不貞行為を知った。

　Aは，その頃，Yとの不貞行為を解消し，Xとの同居を続けたが，約4年
後の平成26年4月頃に，Xと別居した。

　平成27年2月に，XとAとの間で離婚調停が成立した。

　Xは，Yに対し，不法行為に基づき，離婚に伴う慰謝料として，495万
円（①慰謝料300万円，②調査費用の一部150万円，③弁護士費用45万円）
の支払を請求する本訴訟を提起した。

判　旨

1　一審は，Yの不貞行為により最終的にAとの離婚を余儀なくされた慰謝
　料として，Yに180万円と弁護士費用18万円の支払を命じた。

2　控訴審は，一審判決を維持した。

3　上告審は，以下のように述べて，控訴審判決を破棄し，Xの請求を棄却
　した。

　「夫婦の一方は，他方に対し，その有責行為により離婚をやむなくされ
精神的苦痛を被ったことを理由としてその損害の賠償を求めることができ
るところ，本件は，夫婦間ではなく，夫婦の一方が，他方と不貞関係に
あった第三者に対して，離婚に伴う慰謝料を請求するものである。

　夫婦が離婚するに至るまでの経緯は当該夫婦の諸事情に応じて一様ではないが，協議上の離婚と裁判上の離婚のいずれであっても，離婚による婚姻の解消は，本来，当該夫婦の間で決められるべき事柄である。

　したがって，夫婦の一方と不貞行為に及んだ第三者は，これにより当該夫婦の婚姻関係が破綻して離婚するに至ったとしても，当該夫婦の他方に対し，不貞行為を理由とする不法行為責任を負うべき場合があることはともかくとして，直ちに，当該夫婦を離婚させたことを理由とする不法行為責任を負うことはないと解される。第三者がそのことを理由とする不法行為責任を負うのは，当該第三者が，単に夫婦の一方との間で不貞行為に及ぶにとどまらず，当該夫婦を離婚させることを意図してその婚姻関係に対する不当な干渉をするなどして当該夫婦を離婚のやむなきに至らしめたものと評価すべき特段の事情があるときに限られるというべきである。

　以上によれば，夫婦の一方は，他方と不貞行為に及んだ第三者に対して，上記特段の事情がない限り，離婚に伴う慰謝料を請求することはできないものと解するのが相当である。」

キーポイント

　第三者である不貞行為の相手に対する離婚慰謝料の請求は，原則として許されず，これが認められるのは，当該第三者が当該夫婦を離婚させることを意図して婚姻関係に不当な干渉するなどして当該夫婦を離婚のやむなきに至らしめたものと評価すべき特段の事情があるときに限られると判示した最高裁判決として重要である。

参考裁判例

№.63〜67　不貞慰謝料

63　配偶者の不貞相手に対する不貞慰謝料請求

【一　審】　東京地裁昭和49年6月28日判決（昭和46年㈠931号）（民集33
　　　　　　巻2号318頁）
【控訴審】　東京高裁昭和50年12月22日判決（昭和49年㈱1657号）（民集
　　　　　　33巻2号324頁・判時810号38頁）
【上告審】　最高裁昭和54年3月30日判決（昭和51年㈱328号）（民集33巻
　　　　　　2号303頁・判時922号3頁）

事　案

　X₁（妻：原告，被控訴人，上告人）とA（夫）は，昭和22年7月に事実
上の結婚をし，昭和23年7月に婚姻届出をした。昭和23年8月に長女X₂が，
昭和33年9月に次女X₃が，昭和39年4月に三女X₄がそれぞれ生まれた。

　Y（被告，被控訴人，上告人）は，銀座のアルバイトサロンでホステスを
していたが，昭和32年2月ころ，客として来店したAと親しくなり，数か
月後に情交関係をもった。Yは，昭和35年11月にAとの間に女児Bを出産
し，自分で育てていた。Aは昭和39年4月にBを認知した。

　X₁は，昭和39年2月頃に，AとYとの関係やAとYの間にBが生まれて
いることを知り，Aをきびしく非難した。Aは，X₁の非難に嫌悪して，昭
和39年6月に家を出て，昭和42年からはYと同棲している。

　不法行為に基づき，Yに対して，X₁は500万円，X₂は200万円，X₃と
X₄それぞれ100万円の慰謝料請求の本件訴訟を提起した。

判　旨

1　一審は，X₁に300万円，X₂に30万円，X₃及びX₄に各50万円の慰謝料を
　認容した。
2　控訴審は，以下のように述べて，Xらの請求を棄却した。
　「AとYとは，Aのさそいかけから自然の愛情によつて情交関係が生じ
　たものであり，Yが子供を生んだのは母親として当然のことであつて，A
　に妻子があるとの一事でこれらのことが違法であるとみることは相当では
　なく，また，AとX₁との婚姻生活は，X₁がAとYとの関係を知り，Aが
　別居した昭和39年6月に破綻するに至つたものと認めるのが相当である。

そして，この別居はAがX₁に責められ愛情を全く喪失したため敢行され
たものであつて，YがAに同棲を求めたものではなく，Yに直接の責任が
あるということはできない。そしてAとYが同棲生活に入つたのは，前記
認定のとおり，AとX₁との婚姻生活が既に破綻した後であつて，しかも
Aの方からYのもとに赴いたものであつて，これをもつてYに違法がある
とすることはできない。

　また，AがYと同棲して以来子供であるX₂らはAの愛ぶ養育を受けら
れなくなつたわけであるが，これは一にAの不徳に帰することであつて，
Yに直接責任があるとすることはできない。」

3　上告審は，以下のように述べて，原判決中X₁に関する部分のみを破棄
して差し戻した。

「夫婦の一方の配偶者と肉体関係を持つた第三者は，故意又は過失があ
る限り，右配偶者を誘惑するなどして肉体関係を持つに至らせたかどうか，
両名の関係が自然の愛情によつて生じたかどうかにかかわらず，他方の配
偶者の夫又は妻としての権利を侵害し，その行為は違法性を帯び，右他方
の配偶者の被つた精神上の苦痛を慰謝すべき義務があるというべきであ
る。」

「妻及び未成年の子のある男性と肉体関係を持つた女性が妻子のもとを
去つた右男性と同棲するに至つた結果，その子が日常生活において父親か
ら愛情を注がれ，その監護，教育を受けることができなくなつたとしても，
その女性が害意をもつて父親の子に対する監護等を積極的に阻止するなど
特段の事情のない限り，右女性の行為は未成年の子に対して不法行為を構
成するものではないと解するのが相当である。けだし，父親がその未成年
の子に対し愛情を注ぎ，監護，教育を行うことは，他の女性と同棲するか
どうかにかかわりなく，父親自らの意思によつて行うことができるのであ
るから，他の女性との同棲の結果，未成年の子が事実上父親の愛情，監護，
教育を受けることができず，そのため不利益を被つたとしても，そのこと
と右女性の行為との間には相当因果関係がないものといわなければならな
いからである。」

キーポイント

1 配偶者の一方と肉体関係をもった第三者は，他方配偶者の夫又は妻としての権利を侵害し，他方配偶者に対し慰謝料支払義務があると判示した最高裁判決である。

2 さらに，未成年の子は，父と同棲している女性に対して，不法行為に基づく慰謝料請求権がない判断をした最高裁判決として意義がある。

3 最高裁判決の多数意見は，その理由として，女性の行為と未成年者の不利益との間に相当因果関係がないとしているが，両者の間には相当因果関係があり，未成年者が被った不利益は不法行為法によって保護されるべき法益となり得るとの反対意見がついている。

64　夫が支払った慰謝料による損害の填補
....
横浜地裁平成3年9月25日判決（平成元年㈦983号）（判時1414号95頁）

事　案

　X（妻：原告）とA（夫）は，昭和46年4月に婚姻をし，昭和46年9月に長男が，昭和50年12月に長女がそれぞれ生まれた。

　Aは，昭和58年4月頃からY（被告）と情交関係を結ぶようになった。

　Yは，関係の当初，Aに妻子があることを知らず，昭和58年5月ころにはこれを知るようになったが，その後も関係を継続した。

　昭和62年10月から，Aは，Xと完全に別居した。

　Aは，Xに対し離婚訴訟を提起し，平成2年6月に，離婚，長男長女の親権者をXと指定すること，AがXに対し，慰謝料として500万円，財産分与として400万円を支払う内容の裁判上の和解が成立した。

　Xは，Yに対し，不法行為に基づき慰謝料として300万円を請求する本件訴訟を提起した。

判　旨

1　裁判所は，以下のように述べて，Xの請求を棄却した。

　「Yは，訴外Aに妻たるXのあることを知った後もなお情交関係を結び，その後約3年間右関係を中断したものの，再びこれを結んで継続したこと，そして，このYと右Aとの不貞関係が主たる原因となってXと同人間の婚姻関係が破綻したものであることが認められる。したがって，Yは訴外AのXに対する貞操義務違反に加担し，Xの妻たる地位を侵害したものであるから，Xが受けた精神的苦痛を慰謝すべき責任があるというべきである。

　そして，XがYの不貞行為によって精神的苦痛を受けたであろうことは容易に推認されるところ，前記認定の事実及び本件に現れた諸般の事情を総合考慮すると，Xの右苦痛を慰謝するには金300万円が相当である。」

　「Xと右Aとの離婚の主たる原因はYと同人の不貞行為にあるというべきであるから，右金500万円の慰謝料には本件不貞行為によるXの精神的苦痛を慰謝する趣旨も当然含まれているものといわざるをえない。そして本件の不貞行為はYと訴外AのXに対する共同不法行為を構成し，それぞれの損害

賠償債務はいわゆる不真正連帯債務の関係になるものと解されるところ，本件では右のとおり共同不法行為者の一人である訴外AからXに対し，既に前記認定の相当額を上回る慰謝料の支払いがなされているのであるからXの本件精神的損害は全額填補されている関係にあり，YのXに対する本件損害賠償債務も右訴外人の履行行為により消滅したものといわざるをえない。」

キーポイント

1　夫であるAが妻であるXに支払った離婚慰謝料には，本件不貞行為によるXの精神的苦痛を慰謝する趣旨も当然含まれるとして，共同不法行為者の一人であるAがXに支払った500万円の慰謝料によってXの精神的損害は全額填補されているとした判決である。

2　不貞行為の相手であるYが支払うべき不貞慰謝料を300万円と認定したことは，Aが和解で離婚慰謝料を500万円支払っていることとのバランスをも考えたものであろうか。

65 慰謝料請求権の消滅時効

【一　審】 東京地裁平成 2 年 3 月29日判決（昭和62年㋻11929号）
【控訴審】 東京高裁平成 2 年12月20日判決（平成 2 年㋵1470号・2501号）
【上告審】 最高裁平成 6 年 1 月20日判決（平成 3 年㋵403号）（家月47巻
1 号122頁・判時1503号75頁）

事　案

　X（妻：原告，控訴人，被上告人）とA（夫）は，昭和17年 7 月に婚姻届出をした。Y（被告，被控訴人，上告人）は，昭和41年ころからAに妻子がいることを知りながらAと情交関係を持ち，Aと同せいして，昭和44年には，Aとの間に子を産み，昭和62年12月まで同せい関係を継続していた。

　Xは，Yに対して，慰謝料として5000万円の支払を求める本件訴訟を提起した。

判　旨

1　一審は，Yに対して500万円の支払を命じた。

2　控訴審では，Yは，消滅時効の抗弁を主張したが，判決は，継続した同せい関係が全体としてXに対する違法な行為として評価されるべきで，日々の同せいを逐一個別の違法な行為として把握し，これに応じて損害賠償義務の発生及び消滅を日毎に定めるものとするのは，行為の実質にそぐわないものであって，相当ではないから，本件損害賠償義務は，全体として，YとAとの同せい関係が終了した昭和62年12月から消滅時効が進行すると判断して，Yの消滅時効の抗弁を排斥した。そして，一審が昭和41年から昭和62年までの間の慰謝料として算定した500万円は相当であると判示した。

3　最高裁は，以下のように述べて，控訴審判決を破棄して差し戻した。

　「夫婦の一方の配偶者が他方の配偶者と第三者との同せいにより第三者に対して取得する慰謝料請求権については，一方の配偶者が右の同せい関係を知った時から，それまでの間の慰謝料請求権の消滅時効が進行すると解するのが相当である。けだし，右の場合に一方の配偶者が被る精神的苦

痛は，同せい関係が解消されるまでの間，これを不可分一体のものとして把握しなければならないものではなく，一方の配偶者は，同せい関係を知った時点で，第三者に慰謝料の支払を求めることを妨げられるものではないからである。

（略）XがYに対して本訴を提起したのは，記録上，昭和62年8月31日であることが明らかであるから，同日から3年前の昭和59年8月31日より前にXがYとAとの同せい関係を知っていたのであれば，本訴請求に係る慰謝料請求権は，その一部が既に時効により消滅していたものといわなければならない。」

キーポイント

1　配偶者の一方が他方配偶者と第三者の同せいにより第三者に対して取得する慰謝料請求権の消滅時効の起算点が争われた事案である。
　　最高裁は，配偶者が被る精神的苦痛を不可分一体のものとして把握しなければならないものではなく，一方配偶者が同せい関係を知った時からそれまでの間の慰謝料請求権の消滅時効は進行すると判断した。
2　本件は，同せい関係が20年余に及ぶ事案であり，控訴審判決のように同せい解消時から消滅時効が進行すると解すると，紛争が長期化する結果にはなるだろう。

66 夫に対する慰謝料債務の免除の効力

【一　審】　神戸地裁尼崎支部平成 3 年 5 月28日判決（平成元年㈹739
号・907号）
【控訴審】　大阪高裁平成 4 年 7 月15日判決（平成 3 年㈹1249号）
【上告審】　最高裁平成 6 年11月24日判決（平成 4 年㈹1814号）（判時1514
号82頁）

事　案

　X（妻：原告，被控訴人，上告人）とA（夫）の間には，平成元年 6 月に
離婚調停が成立した。

　Xは，平成元年10月に，Y（被告，控訴人，被上告人）（夫の不貞行為の
相手の女性）に対して，慰謝料として300万円の支払を求める本件訴訟を
提起した。

判　旨

1　一審は，Yに対して300万円の支払を命じた。

2　控訴審も，本件不法行為に基づく慰謝料は300万円が相当であるとした
が，Yの債務免除の抗弁について以下のように述べてこれを一部認め，Y
に対して150万円の支払を命じた。

　「⑴　YとAの不貞行為はXに対する共同不法行為というべきところ，
XとAとの間には平成元年 6 月27日離婚の調停が成立し（以下，これを
「本件調停」という。），その調停条項には，本件調停の『条項に定めるほ
か名目の如何を問わず互いに金銭その他一切の請求をしない』旨の定め
（以下，「本件条項」という。）があるから，XはAに対して離婚に伴う慰
謝料支払義務を免除したものというべきである。

　⑵　YとAがXに対して負う本件不法行為に基づく損害賠償債務は不真
正連帯債務であるところ，両名にはそれぞれ負担部分があるものとみられ
るから，本件調停による右債務の免除はAの負担部分につきYの利益のた
めにもその効力を生じ，YとAがXに対して負う右損害賠償債務のうちY
固有の負担部分の額は150万円とするのが相当である」。

3　最高裁は，以下のように述べて，控訴審判決を破棄し，一審判決を支持

した。

「民法719条所定の共同不法行為者が負担する損害賠償債務は，いわゆる不真正連帯債務であって連帯債務ではないから，その損害賠償債務については連帯債務に関する同法437条の規定は適用されないものと解するのが相当である（最高裁昭和43年㈴第431号同48年2月16日第二小法廷判決・民集27巻1号99頁参照）。

原審の確定した事実関係によれば，XとAとの間においては，平成元年6月27日本件調停が成立し，その条項において，両名間の子の親権者をXとし，AのXに対する養育費の支払，財産の分与などが約されたほか，本件条項が定められたものであるところ，右各条項からは，XがYに対しても前記免除の効力を及ぼす意思であったことは何らうかがわれないのみならず，記録によれば，Xは本件調停成立後4箇月を経過しない間の平成元年10月24日にYに対して本件訴訟を提起したことが明らかである。右事実関係の下では，Xは，本件調停において，本件不法行為に基づく損害賠償債務のうちAの債務のみを免除したにすぎず，Yに対する関係では，後日その全額の賠償を請求する意思であったものというべきであり，本件調停による債務の免除は，Yに対してその債務を免除する意思を含むものではないから，Yに対する関係では何らの効力を有しないものというべきである。」

キーポイント

配偶者とその相手の不貞行為は，他方配偶者に対する共同不法行為であり，その損害賠償債務は不真正連帯保証債務であること，不真正連帯債務には，連帯債務者の一人に対する免除の効力に関する民法437条は適用されないこと，したがって，妻が夫との離婚調停において夫の慰謝料債務を免除した場合，その免除は夫と肉体関係をもった第三者に対する慰謝料請求権には影響しないことを明らかにした最高裁判決である。

67　婚姻破綻後の肉体関係

【一　審】 浦和地裁川越支部平成 3 年 5 月15日判決（平成元年㈠413号）
【控訴審】 東京高裁平成 4 年 5 月28日判決（平成 3 年㈱1886号）（民集
　　　　　50巻 4 号1001頁）
【上告審】 最高裁平成 8 年 3 月26日判決（平成 5 年㈹281号）（民集50巻
　　　　　4 号993頁・判時1563号72頁・判タ908号284頁）

事　案

　X（妻：原告，控訴人，上告人）とA（夫）は，昭和42年 5 月に婚姻届
出をし，昭和43年 5 月に長女が，昭和46年 4 月に長男が生まれた。

　XとAとの夫婦関係は昭和59年 4 月には非常に悪化し，Aは，昭和61年
7 月ころ，Xと別居する目的で夫婦関係調整の調停申立てをしたが，Xは調
停期日に出頭せず，Aは申立てを取り下げた。

　Aは，手術を受けて退院した直後の昭和62年 5 月に，自宅を出てかねて
購入していたマンションに転居し，Xと別居した。

　Y（被告，被控訴人，被上告人）は，昭和62年 4 月ころ，アルバイトを
していたスナックに，客として来店したAと知り合った。Yは，Aから妻と
は離婚することになっていると聞き，次第に親しい交際をするようになり，
昭和62年夏ころまでには肉体関係を持ち，昭和62年10月ころAのマンショ
ンで同棲するに至った。Yは，平成元年 2 月にAとの間の子を出産し，Aは，
その子を認知した。

　Xは，Yに対して，慰謝料として1000万円の支払を求める本件訴訟を提
起した。

判　旨

1　一審は，Xの請求を棄却した。

2　控訴審も「YとAが肉体関係をもったのは，昭和62年 5 月にAが別居し
　た後のことであり，その当時，既にXとAとの夫婦関係は破綻し，形骸化
　していたものと認められるところ，Yは，当初Aから妻とは離婚すること
　になっている旨聞き，その後別居して一人で生活していたAの話を信じて
　Aと肉体関係を持ち，同年10月ころから同棲するに至ったものであるから，

　Yの右行為がXとAの婚姻関係を破壊したものとはいえず，Xの権利を違法に侵害したものとは認められない。」として，Xの請求を棄却した。

3　最高裁は，以下のように述べて，Xの上告を棄却した。

　「甲の配偶者乙と第三者丙が肉体関係を持った場合において，甲と乙との婚姻関係がその当時既に破綻していたときは，特段の事情のない限り，丙は，甲に対して不法行為責任を負わないものと解するのが相当である。けだし，丙が乙と肉体関係を持つことが甲に対する不法行為となる（略）のは，それが甲の婚姻共同生活の平和の維持という権利又は法的保護に値する利益を侵害する行為ということができるからであって，甲と乙との婚姻関係が既に破綻していた場合には，原則として，甲にこのような権利又は法的保護に値する利益があるとはいえないからである。」

キーポイント

1　甲の配偶者乙と第三者丙が肉体関係を持った場合に，甲と乙との婚姻関係が既に破綻していたときには，特段の事情がない限り，丙は，甲に対して不法行為責任を負わない旨を判示した最高裁判決として重要である。

2　本件においては，夫が妻と別居したのは昭和62年5月であり，夫は女性と昭和62年4月ころに知り合い，昭和62年夏ころまでには肉体関係を持っているので，事実認定として，婚姻関係破綻後の肉体関係といえるかはかなり微妙であると思われる。

　　二宮周平も「女性と性的関係を持った当時，すでに別居が数ヶ月続いていたからといって，判決のいうように婚姻関係が「すでに破綻」したといえるかどうか疑問もある。」と指摘している（二宮周平「不貞行為の相手方の不法行為責任」円谷峻＝松尾弘編代『損害賠償法の軌跡と展望：山田卓生先生古稀記念論文集』163頁（日本評論社，2008））。

3　本判決の理論を前提として，実務上は，夫婦関係破綻の時期と肉体関係を持った時期との先後が重要な争点となることが多い。

著 者 紹 介

本橋　美智子 (もとはし・みちこ)

本橋総合法律事務所・弁護士

〔経歴〕
神奈川県立湘南高校卒業
東北大学法学部卒業
1979年4月弁護士登録　第一東京弁護士会所属

〔主な役職〕
・第一東京弁護士会人権擁護委員会委員長
・第一東京弁護士会司法修習指導委員長
・第一東京弁護士会成年後見対策協議会副委員長
・東京都介護保険審査会委員
・川崎市入札監視委員会委員

〔主な著書〕
『男性のための離婚の法律相談』（学陽書房）
『新版要約離婚判例』（学陽書房）
『要約遺言判例100』（学陽書房）
『要約相続判例109』（学陽書房）
『家族を幸せにする遺言書のつくり方』（かんき出版）
『高齢者の生活と法律』第一東京弁護士会司法研究委員会編（分担執筆）

判例に学ぶ　婚姻を継続し難い重大な事由

2020年7月9日　初版発行

<table>
<tr><td>著　者</td><td>本　橋　美智子</td></tr>
<tr><td>発行者</td><td>和　田　　　裕</td></tr>
</table>

発行所　日本加除出版株式会社

本　　社　郵便番号 171-8516
　　　　　東京都豊島区南長崎 3 丁目16番 6 号
　　　　　T E L （03）3953 - 5757（代表）
　　　　　　　　 （03）3952 - 5759（編集）
　　　　　F A X （03）3953 - 5772
　　　　　U R L　www.kajo.co.jp

営 業 部　郵便番号 171-8516
　　　　　東京都豊島区南長崎 3 丁目16番 6 号
　　　　　T E L （03）3953 - 5642
　　　　　F A X （03）3953 - 2061

組版　㈱郁文 ／ 印刷　㈱精興社 ／ 製本　牧製本印刷㈱

落丁本・乱丁本は本社でお取替えいたします。
★定価はカバー等に表示してあります。
Ⓒ M. Motohashi 2020
Printed in Japan
ISBN978-4-8178-4658-7

第3版
離婚調停

秋武憲一 著

2018年1月刊 A5判 480頁 本体3,600円＋税 978-4-8178-4454-5

商品番号：40437
略　　号：離婚調停

- 親権、面会交流、婚姻費用、養育費、財産分与等の個別の論点を実践的Q&Aを交えながら解説。家庭裁判所の実務に精通した著者の経験に基づく調停上の知恵や工夫、調停委員が悩む疑問への回答が満載の一冊。
- 離婚調停申立書式や養育費・婚姻費用算定表等、実務に必要な資料も収録。

家庭の法と裁判
FAMILY COURT JOURNAL

家庭の法と裁判研究会 編

年6回（4・6・8・10・12・2月）刊 B5判 本体1,800円＋税 2189-1702

- 「家事事件」「少年事件」の最新裁判例を発信する家裁実務及び支援の現場のための専門情報誌。
- 収録の家事裁判例・少年裁判例には、実務上参考となる、その判断の意義や位置づけ等を示す「解説（コメント）」を裁判例毎に掲載。

日本加除出版

〒171-8516　東京都豊島区南長崎3丁目16番6号
TEL（03）3953-5642　FAX（03）3953-2061（営業部）
www.kajo.co.jp